Band 1

Deutsch für Fortgeschrittene

Übungsbuch

von Klaus Lodewick

Dieses Lehrwerk ist Halit Yozgat gewidmet. Er wurde am 6. April 2006 in Kassel von Nazis ermordet.

In den Jahren 2000 bis 2006 ermordete eine Gruppe von Neonazis 10 Menschen in Deutschland. Neun der zehn Ermordeten mussten sterben, weil sie oder ihre Eltern aus der Türkei und aus Griechenland kamen. Nur durch einen Zufall ist bekannt geworden, dass es Neonazis waren, die aus Ausländerhass mordeten. Zuvor wurden die Opfer und deren Familienangehörige selber verdächtigt, in irgendeiner Weise an den Morden beteiligt gewesen zu sein. Elf Jahre lang konnten die Täter unentdeckt bleiben.

In Deutschland gerät vieles in Vergessenheit. Das Lehrwerk »Halit« soll einen Beitrag dazu leisten, dass dies mit den Opfern der Nazimörder nicht passiert.

Enver Şimşek, ermordet am 9. September 2000 in Nürnberg
Abdurrahim Özüdoğru, ermordet am 13. Juni 2001 in Nürnberg
Süleyman Taşköprü, ermordet am 27. Juni 2001 in Hamburg
Habil Kılıç, ermordet am 29. August 2001 in München
Mehmet Turgut, ermordet am 25. Februar 2004 in Rostock
İsmail Yaşar, ermordet am 9. Juni 2005 in Nürnberg
Theodoros Boulgarides, ermordet am 15. Juni 2005 in München
Mehmet Kubaşık, ermordet am 4. April 2006 in Dortmund
Halit Yozgat, ermordet am 6. April 2006 in Kassel

Fabouda-Verlag

Halit

Band 1
Übungsbuch

von Klaus Lodewick

Layout: Klaus Lodewick

Zu diesem Lehrwerk gehören:

Kursbuch	ISBN 978-3-930861-25-5
Übungsbuch	ISBN 978-3-930861-26-2
2 Audio CDs	ISBN 978-3-930861-27-9
Handbuch & Tests für Unterrichtende	ISBN 978-3-930861-28-6

© 2012 Fabouda-Verlag Göttingen

www.fabouda.de
kl@fabouda.de

Das Werk und seine Teile sind urheberrechtlich geschützt. Jede Verwertung in anderen als den gesetzlich zugelassenen Fällen bedarf deshalb der vorherigen schriftlichen Einwilligung des Verlages.
Hinweis zu § 52 a UrhG: Weder das Werk noch seine Teile dürfen ohne schriftliche Einwilligung des Verlages eingescannt und in ein Netzwerk eingestellt werden. Dies gilt auch für Intranets von Schulen, Hochschulen und sonstigen Bildungseinrichtungen.

ISBN 978-3-930861-26-2

Hinweise

Das Übungsbuch enthält
- Wortschatzlisten und Aufgaben zum Lernen des Wortschatzes;
- Aufgaben zum Text- und Hörverstehen, wie sie in den Prüfungen
    - ⇨ TestDaF
    - ⇨ DSH und
    - ⇨ B2-Prüfung des Goethe-Instituts

    zu finden sind;
- Übungen zur Grammatik und zum Schreiben;
- zusätzliche Texte, mit Hilfe derer der Lernstoff eines Kapitels wiederholt wird;
- Verschriftlichung der Hörtexte.

Hörverstehen TestDaF ☒ Goethe B2 ☐ DSH ☐			Die Aufgabe zum Hörverstehen ist typisch für den TestDaF.
Wiederholung			Auf den folgenden Wiederholungsseiten werden Passiv (im Kursbuch auf S. 136 im Grammatik-Anhang erklärt) Relativsätze und Konditionalsätze wiederholt. Außerdem wird das Wörterraten und *der* Wortschatz wiederholt, der in der Wortschatzliste auf S. 31 im Übungsbuch enthalten ist.
Grammatik	Aktiv-Passiv Relativsätze Konditionalsätze	Kb, S. 136 Kb, S. 142 Kb, S. 141	
Leseverstehen	Wörter raten	Kb, S. 15	
Wortschatz		Üb, S. 31	
980 Milliarden Seiten **Kb S. 44**			Die Aufgaben beziehen sich auf den Text »980 Milliarden Seiten« im Kursbuch auf Seite 44.
			Diese Aufgabe ist interessant, aber auch schwer!

1

Was sind denn das für Spicker? Kb S. 8

Hörverstehen   TestDaF ☒   Goethe B2 ☐   DSH ☐

---

1 *Überprüfen Sie das Hörverstehen.* **Hören Sie den 2. Teil des Hörtextes (Interview mit Herrn Argus).**
- ⇨ Lesen Sie die Aufgaben 1 – 5. Überlegen Sie, welche Antworten möglich wären.
- ⇨ Schreiben Sie während des Hörens die Antworten in Stichworten auf.

1. Mich interessiert an Spickern ...

2. Warum kann man Last-Minute-Spicker oft nicht lesen?

3. Was kann man bei den sorgfältigen Spickern sehr gut erkennen?

4. Schüler, die sich mit sorgfältigen Spickern auf Prüfungen vorbereiten ...

5. Mir würde es leidtun, wenn ich einem Schüler mit einem Megaspicker...

Leseverstehen (Was Lehrer zum Spicken sagen)   TestDaF ☒   Goethe B2 ☒   DSH ☐

---

2 *Überprüfen Sie das Leseverstehen.* **Welche Antwort a), b) oder c) passt? Bitte ankreuzen.**

1. Warum will **Lehrer A** das Spicken nicht ignorieren?
   - a) Als Beamter darf er das nicht.
   - b) Es wäre ungerecht.
   - c) Die Schüler hätten dann keinen Respekt mehr vor ihm.

2. Was verspricht **Lehrer A**?
   - a) Er erwischt jeden, der spickt.
   - b) Bei seinen Klassenarbeiten kann jeder eine gute Note erreichen.
   - c) Es gibt keine Sechs, wenn er jemanden beim Spicken erwischt.

3. Welche Methode verwendet **Lehrer B**, um das Spicken zu entdecken?
   - a) Er hat ein iPhone, das Schüler entdeckt, die spicken.
   - b) Er beobachtet ständig die Schüler.
   - c) Er hat ein Gerät, das eingeschaltete Handys entdeckt.

4. Wie verhindert **Lehrer C** das Spicken?
   - a) Er stellt Aufgaben, die die Schüler nicht kennen.
   - b) Er stellt leichte Aufgaben.
   - c) Er stellt Aufgaben, für die man keine Spicker erstellen kann.

5. Bei den Prüfungen von **Lehrer C** ...
   - a) ... hat es keinen Sinn, Spicker anzufertigen.
   - b) ... muss man sehr viele Fakten kennen.
   - c) ... sind Handys erlaubt.

Harte Strafen für Plagiate

Kb S. 14

Leseverstehen TestDaF ☒ Goethe B2 ☐ DSH ☐

1 Überprüfen Sie das Leseverstehen. **Markieren Sie die richtige Antwort.**

1	Plagiieren kann jetzt härter bestraft werden.	☒J ☐N ☐?
2	In ganz Deutschland hat man jetzt die Strafen für das Plagiieren verschärft.	☐J ☒N ☐?
3	Plagiate bei Examensarbeiten werden am schärfsten bestraft.	☐J ☐N ☒?
4	Man kann schriftliche Arbeiten auch umsonst herunterladen.	☒J ☐N ☐?
5	Abschreiben konnte auch schon früher mit Exmatrikulation bestraft werden.	☐J ☒N ☐?
6	Professoren und Doktoranden schummeln öfter als Studierende.	☐J ☐N ☒?
7	Die Software *Turnitin* verhindert, dass Plagiate entdeckt werden.	☐J ☒N ☐?
8	In der Schule wird zu wenig gelernt, wie man wissenschaftlich arbeitet.	☒J ☐N ☐?
9	Kürzere Studienzeiten führen zu häufigerem Abschreiben.	☐J ☐N ☒?

☐J = steht im Text   ☐N = steht nicht im Text   ☐? = Text sagt dazu nichts

Wortschatz

abschreiben		die Quelle	
aufdecken		die Sanktion	
ausfindig machen		schummeln	
beitragen zu		stoßen auf	
belangen		die Strafe	
einfügen		täuschen	
erschleichen		das Thesenpapier	
exmatrikulieren		unter Zeitdruck stehen	
fertigstellen		unzureichend	
herunterladen		verführen zu	
mühsam		verkürzen	
der Nulltarif		verleiten	
das Plagiat		verschärfen	
plagiieren		verschleiern	

1 Ergänzen Sie Wörter aus Aufgabe 4, Kursbuch S. 16.

a) Eine Sonderkommission der Polizei hat den Mord _____ .

b) Mit der U-Bahn zum _____ fahren bedeutet schwarzfahren.

c) Er nennt sich Dr. med. Den Doktortitel hat sich dieser Scharlatan sicher _____ .

d) Sonderangebote _____ zum Kauf, auch wenn man die Waren gar nicht braucht.

1 Harte Strafen für Plagiate   Kb S. 14

2 Welche Wörter passen nicht in die Liste. Warum nicht? *Streichen Sie diese Wörter durch und begründen Sie Ihre Auswahl. Falls Sie oben auf der Seite eine Übersetzung hinter die deutschen Wörter geschrieben haben, decken Sie bitte die Worttabelle ab.*

Liste 1	Sanktion, Strafe, belangen, Quelle, Gesetz, verschärfen, exmatrikulieren, ausfindig machen
	_____ *passt / passen nicht, weil* _____

Liste 2	verschleiern, täuschen, beitragen, erschleichen, schummeln, verführen, fertigstellen, verleiten
	_____ *passt / passen nicht, weil* _____

3 Welche Wörter haben eine (für Sie) positive (+), welche eine negative (–) Bedeutung. Schreiben Sie sie auf.

abschreiben, schummeln, verschleiern, aufdecken, erschleichen, beitragen, fertigstellen, täuschen, verführen, kopieren, einfügen, Fundgrube, mühsam

+	–

4 Lösen Sie das Kreuzworträtsel. Alle Wörter sind der Wortliste auf S. 5 entnommen.

Die Buchstaben in den grauen Kästen ergeben einen Namen (= Lösungswort). Der Mann war Minister in einer deutschen Regierung und musste zurücktreten, weil er sich seinen Doktortitel erschlichen hat.

Waagerecht
1 man hat lange etwas gesucht, endlich hat man es ___ gemacht
5 *das Gegenteil von*: an einer Hochschule einschreiben
8 jemanden dazu bringen, etwas Unkluges, Unerlaubtes gegen seine Absicht zu tun
10 Diebstahl geistigen Eigentums
11 durch Betrug, Lügen usw. etwas bekommen
13 etwas, was verborgen war, sichtbar, bekannt machen
14 mit Tricks versuchen, einen Vorteil zu bekommen

Senkrecht
2 man bekommt etwas, was eigentlich etwas kostet, umsonst
3 fremde Leistungen als eigene ausgeben: sich mit fremden ___ schmücken
4 nicht so gut, wie es sein sollte
6 den Text eines anderen übernehmen (und so tun, als sei es der eigene)
7 einsetzen, zum Beispiel Wörter in einen Lückentext
9 stärker spürbar machen
12 deutsches Wort für »Sanktion«

Harte Strafen für Plagiate

Kb S. 14

Schreiben (Satzklammer, Kb S. 17)

1 Schreiben Sie die Zeitungsmeldung um. Setzen Sie die fett markierten Wörter an den Anfang des Satzes. Achten Sie auf die korrekte Wortstellung.

Gottes Wort plagiiert Es gibt **nur wenige** Berufe, in denen nicht plagiiert wird. Selbst die Männer Gottes beherrschen **Copy & Paste**. Jetzt hat es einen evangelischen Pfarrer **in Konstanz** erwischt. Er hat eine Predigt **im Gemeindebrief** veröffentlicht, die er in der Kirche gehalten hatte. Gemeindemitglieder haben herausgefunden, dass über 70 Prozent des Textes nicht von ihm stammen. Der Pfarrer gab **daraufhin** zu, die Quelle seiner Gedanken »**aus Versehen**« nicht angegeben zu haben. Wie an den Hochschulen für Studierende gibt es auch für Pfarrer Internetportale ...	Nur wenige Berufe ...

2 Schreiben Sie die Zeitungsmeldung zu Ende. Verwenden Sie folgende Informationen.

Internetportal:
- www.predigten.de
- riesige Datenbank mit Predigten, Bibelworten, Interpretationen
- monatlich 60 000 Klicks
- fertige Predigten zum Herunterladen

Pfarrer in Konstanz:
- Portal benutzt, weil: zu viel Arbeit, keine Zeit für das Schreiben von Predigten
- Versprechen: Schreibe in Zukunft wieder selber

3 Schreiben Sie Ihren Text aus Aufgabe 1 in das Schema. Kürzen Sie ab, wenn nicht genügend Platz ist.

Vorfeld	Satzklammer links	Mittelfeld	Satzklammer rechts	Nachfeld
Nur wenige Berufe	gibt	es	-	in denen ... wird
Copy & Paste				

4 Legen Sie eine Tabelle an wie in Aufgabe 3. Übertragen Sie den Text, den Sie in Aufgabe 2 geschrieben haben, in das Schema.

Aktiv – Passiv

Kb S. 12

Grammatik (S. 13)

1 Setzen Sie in den folgenden Text über eine Recycling-Anlage die Verben [a] oder [b] ein.

Die Verben im **Passiv** haben **zwei Teile**: werden + Partizip, die Verben im **Aktiv** sind **einteilig**: Präsens oder Präteritum. Schreiben Sie deshalb in die zweite Lücke ein »**X**«, wenn die Aktivform passt.

(1) Auf über hundert Fließbändern __[b]__ Sahnebecher, Zahnpastatuben und Plastikflaschen __X__ .

(2) Früher __[a]__ die Verpackungen per Hand __[a]__ .

(3) Heute _____ das Maschinen _____ .

(4) In über 650 Sortieranlagen _____ sie _____ .

(5) Am Lichtspektrum, das der Abfall _____ _____ , erkennen die Sensoren die Plastiksorten.

(6) Kurz dahinter _____ Luftdüsen PET-Flaschen und Kunststoffe jeweils auf ein anderes Band _____ .

(7) Mehr als zwei Dutzend Plastiksorten _____ auf diese Weise _____ .

(8) Der Plastikabfall _____ weltweit _____ .

(9) Die PET-Flaschen _____ sogar bis nach China _____ .

(10) Dort _____ Spinnereien sie zu Fleece-Pullovern _____ .

(11) Bis zu 250 Euro pro Tonne sind diese Reste auf dem Weltmarkt wert – und die Preise _____ weiter _____ .

(1) [a] wird ... gelaufen; [b] laufen (X)

(2) [a] wurden ... getrennt; [b] trennte (X)

(3) [a] erledigen (X); [b] werden ... erledigt

(4) [a] werden ... eingesetzt; [b] setzt ... ein

(5) [a] reflektiert (X); [b] reflektiert wird

(6) [a] wird ... geblasen; [b] blasen (X)

(7) [a] werden ... unterschieden; [b] unterscheiden (X)

(8) [a] verkauft (X); [b] wird ... verkauft

(9) [a] exportiert (X); [b] werden ... exportiert

(10) [a] werden ... verarbeitet; [b] verarbeiten (X)

(11) [a] steigen (X); [b] werden ... gestiegen

2 *UNPERSÖNLICHES PASSIV.* In der linken Spalte sind in der Infinitivform typische Plagiatsmethoden im Hochschulbereich (von Studierenden und Lehrenden) aufgelistet. Schreiben Sie in zwei Varianten.

Variante 1: Carl G. hat abgeschrieben. Eine Kommission hat festgestellt, welche Methoden er verwendet hat: **Der Täter wird genannt: AKTIV.** *(Schreiben Sie die Sätze im Präsens)*

Variante 2: In einem Informationsblatt für Studierende wird über das Plagiieren aufgeklärt. Es wird allgemein beschrieben, wie betrogen wird. **Täter werden nicht genannt**, es geht nur um die Handlung: **PASSIV.** Schreiben Sie ganze Sätze wie im Beispiel.

	Aktiv	Unpersönlich Passiv
1. aus Wikipedia kopieren	Carl G. kopiert aus Wikipedia.	Es wird aus Wikipedia kopiert.
2. Ideen stehlen	Er ...	Es ...
3. Texte abschreiben		
4. fremde Sätze nicht als Zitate kennzeichnen		
5. Gedanken aus fremden Arbeiten übernehmen		
6. die Quelle von Argumenten nicht nennen		

Aktiv – Passiv

Kb S. 12

3 PASSIV PERFEKT. Schreiben Sie aus den Stichworten Sätze im Passiv Perfekt.

a) Betrug aufdecken   Der Betrug ist aufgedeckt worden.

b) Text im Internet ausfindig machen _____

c) Bernd A. wegen Plagiat exmatrikulieren _____

d) F. eine Doktorarbeit herunterladen _____

e) ein Zitat einfügen _____

4 ZUSTANDSPASSIV. Clara Neuer kontrolliert ihre Schüler besonders sorgfältig vor Klassenarbeiten. Hier ist ihre Checkliste. Schreiben Sie die Bedeutung von ☑ (= »erledigt«) auf.

Checkliste Klasse 12 D
Englischklausur 24. 9. 2012

a) Tische im Raum verteilen ☑   Die Tische sind im Raum verteilt.

b) Schultaschen durchsuchen ☑

c) verdächtige Schüler im Nacktscanner röntgen ☑

d) Handys zerstören ☑

e) Safttüten überprüfen und in Flaschen umfüllen ☑

f) Etiketten von Flaschen abreißen ☑

g) Armbanduhren einsammeln ☑

h) Taschentücher beschlagnahmen ☑

i) Schokolade konfiszieren ☑

5 PASSIV MIT MODALVERBEN. Schreiben Sie vollständige Sätze. Verwenden Sie das Passiv mit Modalverben.

Regeln für das Verfassen von Hausarbeiten

§ 1 Arbeit selbständig verfassen   Die Arbeit muss selbständig verfasst werden.

§ 2 Quellen angeben

§ 3 Internetquellen offenlegen

§ 4 Zitate kennzeichnen

§ 5 eigene Gedanken formulieren

§ 6 fremde Argumente auch als fremde Argumente kennzeichnen

2 Arten von Tabus Kb S. 20

Wortschatz

dienen (zu)		das Privileg	
diskriminieren		profitieren von	
empfinden		rassistisch	
ergänzen		religiös	
herabsetzen		schädlich	
die Institution		schützen (vor)	
die Macht		das Tabu	
die Minderheit		tabuisieren	
nützlich		verbannen	
der Präsident		zählen zu	

1 Schreiben Sie alle Wörter aus der Liste, die zu »Macht« passen, auf ein Blatt Papier.

⇨ **Wenn Sie zu zweit arbeiten:** Tauschen Sie die Blätter aus. Ihr Partner markiert alle Wörter, die seiner Meinung nach nicht passen, und ergänzt diejenigen, die Sie – seiner Meinung nach – vergessen haben. Diskutieren Sie anschließend über die Korrekturen.

Macht	
rassistisch	

2 Ergänzen Sie Wörter aus der Liste (1 Lücke = 1 Wort)

a) Tokio _____ _____ den größten Städten der Welt.

b) Impfen kann _____ Krankheiten _____ .

c) Bitte _____ Sie in dem Text die fehlenden Wörter.

d) Zucker, Salz und Erhitzen _____ der Konservierung von Speisen

e) Kinder _____ _____ einer liberalen Erziehung.

3 Ergänzen Sie Antonyme aus der Wortliste.

a) bevorzugen ⇔ _____

b) nützlich ⇔ _____

c) Mehrheit ⇔ _____

d) wegnehmen ⇔ _____

e) aufnehmen ⇔ _____

f) leiden unter ⇔ _____

4 Lösen Sie das Silbenrätsel.

vi – die – ras – mi – nie – stisch – den – leg – ta – fin – dis – si – si – pri – ren – emp – eren – kri – nen – bui

1. Eigenschaft, die Menschen aufgrund von biologischen Merkmalen als minderwertig erachten	
2. dafür sorgen, dass eine Handlung nicht getan werden darf	
3. Vorteil, den nur eine bestimmte Personengruppe hat	
4. jemanden (durch unterschiedliche Behandlung) benachteiligen	
5. einen bestimmten Zweck haben	
6. etw. fühlen	

Arten von Tabus

Kb S. 20

Leseverstehen TestDaF ☐ Goethe B2 ☒ DSH ☐

1 Ergänzen Sie in dem Text die fehlenden Wörter.

⇨ Überlegen Sie zunächst, welche Wortart grammatisch passt, und schreiben Sie die Abkürzung der Wortart (siehe Hilfen unter der Tabelle) in die Spalte »fehlende Wortart«.
⇨ Schreiben Sie dann die Lösung hinter die entsprechende Ziffer der Spalte »Lösung«.

Text	fehlende Wortart	Lösung
Unterschiede ____ (0) Verboten und Tabus	PRÄP	(0) _zwischen_
Tabus dürfen nicht mit Verboten verwechselt ____ (1).		(1) ____
Ein Unterschied besteht darin, ____ (2) über Verbote durchaus gesprochen werden kann.		(2) ____
Man kann Verbote kritisieren und ____ (3) ihren Sinn diskutieren.		(3) ____
Tabus aber stehen außerhalb jeder Diskussion, ____ (4) schon die Diskussion darüber verletzt das Tabu.		(4) ____
Bekannt ist dieses Phänomen bei Nahrungstabus und in der Sozialisation ____ (5) Kleinkindes.		(5) ____
Dem Kleinkind ____ (6) schon sehr früh bestimmte Handlungen und Berührungen durch Äußerungen wie ›Das macht man nicht‹, ›Das gehört sich nicht‹ etc. verboten.		(6) ____
Tabus werden ____ (7) solche Imperative im Erziehungsprozess so weit gefestigt, ____ (8) formelle Verbote oder Gesetze nicht mehr notwendig sind.		(7) ____ (8) ____
Aus diesem Grund ____ (9) Tabus besonders langlebig in einer Gesellschaft.		(9) ____

Folgende Wortarten fehlen im Text. *(Achtung! Die Hilfen folgen nicht dem Textverlauf, und einige Wortarten kommen mehrfach vor.)*

Subjunktion (SUB); Artikel im Genitiv (GEN); Verb in Verbklammer rechts (VR);
Verb in Verbklammer links (VL); Präposition (PRÄP)

2 Auf Tabuverletzungen reagieren

Sprechen

1 **Arbeiten Sie mit Ihrem Lernpartner.**
Ihr Lernpartner fragt Sie, welche **Tabus** Sie in Ihrem Heimatland für **nützlich** und welche Sie für **schädlich** halten.

☞ Bereiten Sie sich 2-3 Minuten auf das Gespräch vor. Machen Sie sich auch Notizen (siehe das Beispiel für einen Notizzettel rechts).

☞ Partner A fragt, Partner B antwortet.

☞ Anschließend werden die Rollen getauscht.

Tabus bei uns	+ / –	Grund

2 Wie kann man erkennen, dass man ein Tabu verletzt hat? Und wie reagiert man dann?

⇨ **Lesen Sie den Text.**

Tabu verletzt – was tun?

Was tun, wenn man merkt, dass man in einem fremden Land in ein Fettnäpfchen getreten ist?

Zunächst einmal ist es sinnvoll, den »faux pas« nicht zu übergehen, also so zu tun, als ob nichts passiert wäre. Der Gesprächspartner wird nicht beleidigt sein, wenn Sie ihn höflich fragen, was Sie denn falsch gemacht haben. Er wird auch verstehen, dass Sie mit den ungeschriebenen Regeln eines Landes, das Sie erst seit ein paar Monaten kennen, noch nicht so vertraut sind. Fragen Sie also,

- ob Sie ein Tabu oder Gefühle von jemandem verletzt haben;
- entschuldigen Sie sich dafür;
- erklären Sie, wo das Problem für *Sie* liegt;
- erzählen Sie aus Ihrem Land von Tabubrüchen, die zum Beispiel von Touristen begangen werden.

⇨ **Spielen Sie die folgenden Szenen mit Ihrem Lernpartner. Wechseln Sie die Rollen.**

Szene 1 In Ihrem Deutschkurs weiß jeder, wie alt der andere ist. Ganz am Anfang haben Sie entsprechende Dialoge eingeübt. Niemand hatte ein Problem.
Sie sind nun zu Gast auf einer Geburtstagsfeier, auf der auch ältere Leute anwesend sind. In einem Gespräch fragen Sie eine ältere Dame nach ihrem Alter. An ihrer Reaktion merken Sie, dass Sie in ein Fettnäpfchen getreten sind. Wie reagieren Sie?

Szene 2 In der Familie eines Bekannten ist der Vater gestorben. Sie sind sehr betroffen, weil Sie den Mann auch kannten. Sie wissen, dass das Thema »Tod« in vielen Kulturen mit verschiedenen Tabus belegt ist. Wie reagieren Sie?

Arten von Tabus

Kb S. 20

Internationale Tabus

Heute ist es für viele Menschen fast schon selbstverständlich, mit den verschiedenen Kulturen unserer Welt in Berührung zu kommen. Damit wächst auch die Gefahr, Tabubrüche zu begehen.

Im Folgenden werden einige – oft wenig bekannte – Tabus aus verschiedenen Ländern genannt.

In Vietnam darf man sich nicht öffentlich die Nase putzen. In den Schulklassen kann man beobachten, dass die Schüler permanent und kollektiv die Nase hochziehen. Das stört zwar den Unterricht, aber das wird eher akzeptiert, als ein Tabu zu brechen. In Malaysia ist es tabu, mit dem Zeigefinger auf etwas zu deuten; man darf aber den Daumen benutzen. In Indonesien ist es tabu, den eigenen Kopf höher zu tragen als ein Vorgesetzter. Das ist kein Problem, wenn man sitzt. Schwieriger wird es, wenn man jemanden auf der Straße trifft. Man kann daher häufig beobachten, dass Indonesier sich wellenförmig auf und ab bewegen, wenn sie durch die Straßen wandern, weil sie jedes Mal in die Knie gehen, wenn sie auf eine höherrangige Person treffen. In Taiwan sollte man vermeiden, Nachrichten oder Briefe mit roter Tinte zu schreiben. Denn das bedeutet, dass man mit der Person nie wieder etwas zu tun haben will.

Wenn ein Europäer einem Thailänder oder Vietnamesen erzählt, dass jemand gestorben ist, der ihm nahestand, lächelt er. Als erste Reaktion auf eine Todesnachricht ist das verletzend. Wie kann jemand fröhlich schauen, wenn jemand gestorben ist? Für Europäer bedeutet Lächeln Freude, in Thailand aber auch Anteilnahme.

In Japan darf man dem Gesprächspartner nicht direkt in die Augen schauen. Man schaut dort auf die Mitte des Halses. Für Araber wäre es ein Tabubruch, sich nach der Gesundheit der Ehefrauen zu erkundigen. Ebenso ist es tabu, öffentlich die Besitztümer eines Arabers zu bewundern, weil er sich dann verpflichtet fühlt, sie dem Bewunderer zu schenken.

Die meisten Tabus gibt es in Madagaskar: Frauen dürfen die Kleidung ihrer Brüder nicht waschen. Schwangere Frauen dürfen kein Hirn essen oder auf Türschwellen sitzen. Eier dürfen einer anderen Person nicht direkt übergeben werden. Kindern ist es verboten, den Namen ihres Vaters auszusprechen oder Teile seines Körpers zu erwähnen.

1 Lesen Sie den Text und ergänzen Sie die Tabelle mit den internationalen Tabus in Stichworten.

Land / Kontinent	Tabu
Vietnam	öffentliches Naseputzen

2 *Arbeiten Sie zu zweit.* **Partner A fragt, B antwortet mit Hilfe der Stichworte in der Tabelle.** *Wechseln Sie nach jeder Antwort die Rollen.*

Beispiel A: Was sollte man in Vietnam nicht tun? – B: In Vietnam **sollte man** sich nicht öffentlich die Nase putzen.

2 Passiv mit Modalverben, Passiv-Ersatz　　　Kb S. 22

Grammatik　　TestDaF ☐　Goethe B2 ☐　DSH ☒

3 Verwandeln Sie die unterstrichenen Satzteile mit den Formen, die in Klammern angegeben sind.

Beispiel In Vietnam <u>darf man nicht</u> öffentlich die Nase <u>putzen</u>. (Passiv) → In Vietnam darf die Nase nicht öffentlich geputzt werden.

a) In den Schulklassen <u>kann man beobachten</u>, dass die Schüler permanent und kollektiv die Nase hochziehen. *(Passiversatz)* → _____
dass die Schüler permanent und kollektiv die Nase hochziehen.

b) Das stört zwar den Unterricht, aber <u>das wird eher akzeptiert</u>, als ein Tabu zu brechen. *(Aktiv)* Das stört zwar den Unterricht, aber man _____

c) In Malaysia ist es tabu, mit dem Zeigefinger auf etwas zu deuten. <u>Man darf</u> aber den Daumen dazu <u>benutzen</u>. *(Passiv)* → In Malaysia ist es tabu, mit dem Zeigefinger auf etwas zu deuten. _____

d) <u>Man kann</u> daher häufig <u>beobachten</u>, dass Indonesier sich wellenförmig auf und ab bewegen. *(Passiversatz)*
→ _____
dass Indonesier sich wellenförmig auf und ab bewegen.

e) In Taiwan <u>sollte man vermeiden</u>, Nachrichten oder Briefe mit roter Tinte zu schreiben. *(Passiv)* → _____, Nachrichten oder Briefe mit roter Tinte zu schreiben.

f) In Japan <u>darf man</u> dem Gesprächspartner <u>nicht</u> direkt in die Augen <u>schauen</u>. <u>Man schaut</u> dort auf die Mitte des Halses. *(2 x Passiv)* → _____

g) Frauen <u>dürfen</u> die Kleidung ihrer Brüder <u>nicht waschen</u>. *(Passiv)* → _____

h) Schwangere <u>Frauen dürfen</u> kein Hirn <u>essen</u>. *(Passiv)* → _____

i) Eier <u>dürfen</u> einer anderen Person <u>nicht</u> direkt <u>übergeben werden</u>. *(Aktiv)* → _____

4 Was sollte / muss man bei Ihnen tun. Was darf man nicht? Schreiben Sie in zwei Varianten.

a) Am Strand: Einteilige Badekleidung ist zu tragen / muss getragen werden.
b) Auf der Straße: _____
c) In der Schule: _____
d) In heiligen Stätten: _____
e) Bei einer Beerdigung: _____
f) In der Familie: _____

Passiv mit Modalverben, Passiv-Ersatz   Kb S. 22

5 Was soll das denn?? Absurde Verbote. Bilden Sie Sätze wie im Beispiel.

a) Unterricht lernen → _Ab sofort **darf** im Unterricht nicht mehr **gelernt werden**._

b) Demokratie demonstrieren → _____

c) Parlament abstimmen → _____

d) Kirche Gott danken → _____

e) Prüfung abschreiben → _____

6 Gestern Tabu, heute erlaubt.

a) England: Königshaus kritisieren: → _Früher durfte man in England das Königshaus nicht kritisieren, heute darf auch das Königshaus kritisiert werden._

b) Spanien: Stierkampf, katholische Kirche kritisieren → _____

c) Türkei: am Strand sich küssen → _____

d) Deutschland: Soldaten ins Ausland schicken → _____

e) Deutschland: an Sonntagen arbeiten → _____

7 Lernen Sie die drei Bedeutungen von (sich) lassen. Ergänzen Sie in den Sätzen die Lücken mit (sich) lassen.

a) Dieser Tabubruch _____ nicht mehr rückgängig machen.

b) In vielen Ländern _____ Menschen nicht gerne fotografieren.

c) »_____ du _____ bitte mal dein Wörterbuch benutzen?«

d) Nachdem der Zahn mich zwei Wochen gequält hatte, _____ ich ihn _____ ziehen.

lassen (+ Akk) ❶	zulassen, dulden, jdm. etw. erlauben ⇔ verbieten	
	Ich lasse dich mit meinem Fahrrad fahren.	
sich lassen ❷	**Passiversatz für können**	
	Das Tabu lässt sich leicht erklären (→ ... kann leicht erklärt werden).	
sich lassen (sich = Akk od. Dat) ❸	**den Auftrag geben, etw. zu tun**	
	Ich lasse mir eine Pizza bringen. Ich lasse mich mit dem Taxi zum Bahnhof fahren.	

8 Drücken Sie die Sätze einfacher mit »sich lassen« aus. Überlegen Sie, ob es notwendig ist, den Agens (= die Person, die die Handlung ausführt; *von + Dativ*) zu nennen. Achten Sie auch auf die Zeit.

a) Ich gab dem Frisör den Auftrag, meine Haare zu schneiden. → _____

b) Ich dulde nicht, dass du mich zum Narren hältst. → _____

c) Jetzt ist Schluss! Ich verbiete dir, bei dem Test von mir abzuschreiben. → _____

d) Ich erteile dem Fahrradladen den Auftrag, mein Fahrrad zu reparieren. → _____

2 Tabu Alkoholverkauf

Kb, S. 24

Wortschatz

sich befassen mit	
der/die Beschäftigte	
bestätigen	
bestrafen	
entlassen	
das Gericht	
der Glaube	
das Grundgesetz	
hiesig	
der Kläger	
kündigen *(+Dat)*	

das Management	
muslimisch	
religiös	
der Richter	
Rücksicht nehmen	
die Überzeugung	
untersagen	
vereinbaren mit	
vergleichen mit	
der Verteidiger	
sich weigern	

1 Ordnen Sie die Wörter nach folgenden Oberbegriffen.

Religion	Gericht	Firma

2 Ergänzen Sie Antonyme aus der Wortliste.

a) einstellen ⇔ _____

b) akzeptieren ⇔ _____

c) rücksichtslos ⇔ _____

d) atheistisch ⇔ _____

e) widerrufen ⇔ _____

f) erlauben ⇔ _____

3 Finden Sie 13 Wörter aus der Wortliste. Schreiben Sie sie auf. *Die Wörter sind → und ↓ angeordnet.*

Q	P	Ü	K	Ü	B	E	R	Z	E	U	G	U	N	G
F	A	U	E	O	N	W	E	I	G	E	R	N	B	E
G	K	N	F	U	L	K	L	U	O	B	P	U	E	U
I	Ü	T	L	A	X	O	I	R	U	G	H	Z	S	L
B	N	E	I	O	L	A	G	I	Z	U	T	G	T	E
W	D	R	Ü	C	K	S	I	C	H	T	R	W	Ä	Z
Q	I	S	S	I	C	P	Ö	H	D	E	B	I	T	O
Y	G	A	E	R	A	Q	S	T	E	R	Z	E	I	K
Ö	E	G	R	U	N	D	G	E	S	E	T	Z	G	H
P	N	E	I	M	O	L	K	R	R	C	T	A	E	I
O	U	N	E	L	K	L	Ä	G	E	R	T	U	N	K

1. _____
2. _____
3. _____
4. _____
5. _____
6. _____
7. _____
8. _____
9. _____
10. _____

Grammatik

4 Ergänzen Sie bei den folgenden Umschreibungen von Komposita die Lücken.

Frischwarenabteilung	Eine *Abteilung* in der _____ verkauft werden.
Getränkeabteilung	_____
Religionsfreiheit	Die _____, eine _____ auszuüben.

16

Nahrungstabus  Kb S. 27

Meinungsfreiheit	_____ zu äußern
Drogengesetz	Ein _____, das den Umgang mit _____ regelt.
Ausländergesetze	_____
Bierflaschen	_____, in denen _____ enthalten ist.
Wasserflaschen	_____
Flaschenwein	_____

5 Decken Sie die linke Spalte mit den Komposita ab. Schreiben Sie mit Hilfe der Umschreibungen die Komposita auf.

Hörverstehen »Nahrungstabus«   TestDaF ☐   Goethe B2 ☒   DSH ☐

1 Welche Antwort a), b) oder c); R *(richtig)* oder F *(falsch)* passt?

1. Frau Gurmann ist der Meinung, dass das Gefühl Ekel ...	a b c	... von Geburt an vorhanden ist. ... Kleinkinder vor giftigen Dingen schützt. ... von der Gesellschaft bestimmt wird.
2. Einige Nahrungstabus gelten in allen Kulturen der Welt.	R F	
3. Einige Forscher meinen, dass in einigen Kulturen Kühe nicht gegessen werden, ...	a b c	... weil der Mensch sie in der Landwirtschaft braucht. ... weil die Religion es verbietet. ... weil man genügend andere Nahrungsmittel hatte.
4. Schweine fraßen Nahrungsmittel, ...	a b c	... die der Mensch selber brauchte. ... die bei Moslems und Hindus verboten waren. ... die nicht mehr angebaut werden konnten.
5. Pferde sind sowohl Nutztiere als auch Haustiere.	R F	
6. Einige Tiere isst man nicht,	a b c	... weil sie Nutztiere sind. ... weil das Fleisch nicht schmeckt. ... weil der Mensch ihnen gefühlsmäßig nahesteht.
7. In Deutschland ist es nicht erlaubt, Hundefleisch zu essen.	R F	
8. Hunde und Insekten werden in einigen asiatischen Ländern gegessen.	R F	
9. Das Insektentabu	a b c	... hat wahrscheinlich religiöse Gründe. ... konnte noch nicht erklärt werden. ... besteht nicht in allen europäischen Ländern.
10. »*In der Not frisst der Teufel Fliegen*« bedeutet im Hörtext:	a b c	Wenn man Hunger hat, isst man alles. Religionen sind für die Nahrungstabus verantwortlich. Insekten sind aus religiösen Gründen tabu.

2 Nahrungstabus   Kb S. 27

2 Vergleichssätze mit »während«.

⇨ a) Ergänzen Sie die Verben in den Hauptsätzen.
⇨ b) Verbinden Sie die Hauptsätze zu einem Vergleichssatz mit »während«.

Beispiel   Kühe – Indien – heilig ⇔ Europa – Hauptnahrungsmittel *(angesehen als – dienen als)*
a) Kühe werden in Indien als heilig angesehen. In Europa gelten sie als Hauptnahrungsmittel.
b) Während in Indien Kühe als heilig angesehen werden, gelten sie in Europa als Hauptnahrungsmittel.

1. Schweine unrein Islam ⇔ vielen Ländern zur täglichen Mahlzeit *(gelten als – gehören zu)*.
a) _____
_____ b) _____
_____

2. Pferde in einigen Ländern Nutztiere ⇔ Deutschland Haustiere *(zählen zu – gehören zu)*
a) _____
_____ b) _____
_____

3. Hunde in einigen asiatischen Ländern ⇔ Deutschland Teil der Familie *(essen – gelten als)*
a) _____
_____ b) _____
_____

Grammatik / Lesen

3 Ergänzen Sie in den Umschreibungen der Komposita passende Wörter.

1. Der Mensch _____ _____ : Er ist ein **Allesfresser**.
2. Ein _____ _____ bis zum sechsten Lebensjahr: ein **Kleinkind**
3. _____, die dem _____ am nächsten stehen: **Menschenaffen**
4. _____, die der Mensch _____ : **Nutztiere**.
5. _____ (Stoffe), die dem Menschen als _____ dienen: **Nahrungsmittel**

4 Formulieren Sie Verbote (– »man darf nicht«) und Gebote (+ »man muss«) im Passiv wie im Beispiel.

a) Hunde essen (–) → Hunde dürfen nicht gegessen werden.

b) Kinder schlagen (–) → _____

c) Schuhe ausziehen in der Moschee (+) → _____

d) kurze Hose in der Kirche tragen (–) → _____

e) Geburtstag Geschenk mitbringen (+) → _____

5 Lesen Sie den folgenden Ausschnitt aus dem Interview laut, bis Sie ihn flüssig lesen können. Markieren Sie als Hilfe die Satzenden *(siehe Beispiel nach »Nahrungsmittel«)*.

HUNDEFLEISCHISTNURINWENIGENLÄNDERNNAHRUNGSMITTEL|INDENMEISTENLÄNDERNISTESABSOLUT
TABUHAUSTIEREWIEHUNDEODERKATZENGELTENALSTEILDERFAMILIEINDEUTSCHLANDGIBTESSOGARSPE
ZIELLEKLINIKENFÜRHUNDEESWÄREHIEREINUNGLAUBLICHERSKANDALWENNJEMANDHUNDE-ODERKAT
ZENFLEISCHESSENWÜRDEINDEUTSCHLANDUNDÖSTERREICHISTESNICHTNUREINTABUSONDERNESISTGE
SETZLICHVERBOTENHUNDEFLEISCHANZUBIETENODERZUESSEN

Wiederholung

1 **Lesen Sie den Text.**
⇨ Was ist Ihre Meinung?
⇨ Welche Wörter passen in die Lücken. Kreuzen Sie an. Schreiben Sie die Wörter in die Lücken.

Heute im Unterricht: Wie trinken Alkohol

1 Um Punkt halb sechs eröffnet Heike R., Biologielehrerin an einer kleinen Ober-
2 schule in Brandenburg, die Bar. Hinter ihr warten zwei Kästen mit Bier und
3 Alcopops, vor ihr 13 Schüler der Klasse 10. Zwei bis vier Flaschen wird jeder
4 von ihnen in den nächsten zwei Stunden _____ (1), dazwischen
5 werden Promilletests _____ (2) und die Konzentrationsfähigkeit
6 bei Computerspielen _____ (3). Es wird über Erfahrungen
7 während und nach dem Trinken geredet. Schließlich werden die Ergebnisse in
8 einem »Trinkprotokoll« notiert.
9 »Trinkexperiment« nennt sich das Unterrichtsexperiment. Es ist Teil eines
10 ungewöhnlichen Programms für Schulen, das Psychologen und Pädagogen
11 _____ (4), um die zunehmenden Alkohol-
12 probleme von Jugendlichen zu bekämpfen. Seit Ende 2008 _____ (5) es
13 in brandenburgischen Schulen _____ (5).
 Pubertierende Teenager, ist man dort überzeugt, lernen den verantwortungs-
vollen Alkoholkonsum besser durch Selbsterfahrung _____ (6) durch
Abschreckung und Verbote. Suchtexperten sehen das ähnlich.
 In der Öffentlichkeit _____ (7) das Experiment kontrovers und sehr emotional
_____ (7). Die einen sind der Meinung, dass ... Andere hingegen
vertreten die Auffassung, dass ...

1 a) ☐ trinken
  b) ☐ getrunken

2 a) ☐ machen
  b) ☐ gemacht

3 a) ☐ getestet
  b) ☐ testen
  c) ☐ getesten

4 a) ☐ entwickeln
  b) ☐ entwickelt haben
  c) ☐ entwickelt wurde

5 a) ☐ hat ... durchgeführt
  b) ☐ kann ... durchführen
  c) ☐ wird ... durchgeführt

6 a) ☐ als
  b) ☐ wie
  c) ☐ mit

7 a) ☐ hat ... diskutiert
  b) ☐ wird ... diskutiert
  c) ☐ ist ... diskutiert

2 **Passiv.** Mario ist ein Schüler der Klasse 10. Er berichtet, was er in der Unterrichtseinheit gemacht hat. Setzen Sie die Sätze in den Zeilen 3 – 8 (»Zwei bis vier ... — notiert.«) ins Aktiv.
Ich habe zwei bis vier ...

3 **Komposita.** Umschreiben Sie die Nominalkomposita. Setzen Sie in jede Lücke nur ein Wort.

a) **Biologielehrerin** → eine _____, die _____ unterrichtet

b) **Promilletest** → ein _____, bei dem festgestellt wird, wie viel _____ Alkohol man im Blut hat

c) **Konzentrationsfähigkeit** → die _____ sich zu _____

d) **Unterrichtsexperiment** → ein _____, das im _____ durchgeführt wird

e) **Alkoholprobleme** → _____, die jemand mit _____ hat

f) **Selbsterfahrung** → _____, die man _____ gemacht hat (und sich dabei beobachtet und mit anderen darüber spricht)

4 **Schreiben.** Schreiben Sie als Reaktion auf diesen Artikel an die Zeitung. Sagen Sie,

- welche Meinung Sie zu diesem Unterrichtsprojekt vertreten
- welche persönlichen Erfahrungen Sie selbst mit Alkohol als Schüler gemacht haben
- ob so etwas auch an Ihrer Schule möglich gewesen wäre

3 Dunkle Gefühle

Kb S. 28

1 Lösen Sie das Kreuzworträtsel. Alle Wörter sind dunkle Gefühle.

Die Buchstaben in den grauen Kästen ergeben das **Gegenteil von einem der dunklen Gefühle** in dem Rätsel.

Waagerecht

1 »Drei von 10 Punkten bei dem Test – und darauf bist du auch noch ____??«
4 »X hat mir einen Schaden zugefügt. Ich werde ihm deshalb auch einen Schaden zufügen.«
8 jemandem bösartig und heimtückisch Schaden zufügen
12 Gefühl, bei dem oft Tränen fließen
13 »Seine Freundin hat ihn verlassen. Er hat schon seit Wochen ____.«
14 »Ihr Freund trifft sich ständig mit einer anderen. Ich kann ihre ____ gut verstehen.«

Senkrecht

2 Lust am fremden Unglück
3 Ein Gefühl, das auf Kälte beruht – ist das überhaupt ein Gefühl?
5 »Natürlich, sie ist klüger, schöner und reicher als ich. Aber ich verspüre keinen ____.«
6 etwas Schweres liegt auf der Seele
7 starkes Gefühl der Ablehnung und Feindschaft gegenüber jemandem
9 allein, ohne Kontakt (Nomen)
10
11 Sehnsucht in einem fernen Land, wieder zu Hause zu sein

2 Ergänzen Sie die Tabelle.

Nomen	Verb	Adjektiv
		verächtlich
		schamhaft
		hasserfüllt
	sich über den Schaden anderer freuen	
	wüten	
Neid		
Rache		
Melancholie	✕	
	vereinsamen	
Trauer		

Der Wunsch des Mediahändlers

Kb, S. 31

Hörverstehen TestDaF ☒ Goethe B2 ☐ DSH ☐

1 *Überprüfen Sie das Hörverstehen.* **Entscheiden Sie beim Hören, welche Aussagen richtig oder falsch sind. Kreuzen Sie bei 7 an, ob a), b) oder c) richtig ist.**

		richtig	falsch
1	In beiden Geschäften wurden unterschiedliche Waren verkauft.		
2	Jeder der beiden Manager ging in den Laden des anderen, um die Preise des Konkurrenten zu erfahren.		
3	Die beiden Manager kannten sich nicht.		
4	Die beiden Manager arbeiten gut zusammen.		
5	Die Fee versprach dem Manager, er werde das Doppelte von allem erhalten, was er sich wünscht.		
6	Der Manager wünschte sich, dass der andere Manager blind werde.		
7	In dem Märchen geht es um	a) ☐ Hass b) ☐ Rache c) ☐ Neid	

2 Die Fehler des Spitzels. Der Spion vom Media-Manager war bei der Konkurrenz »Nocturn« und hat die Sonderangebote aufgeschrieben, die Nocturn diese Woche anbietet. Weil es viel zu schnell ging, war er sich nicht sicher, ob alles stimmt. Deswegen geht er in der Mittagspause noch ein zweites Mal in den Laden, um seine Angaben zu ergänzen und zu korrigieren. Er ruft den Manager an.

Goethe B2 ☒

Hören Sie die Nachricht und korrigieren Sie während des Hörens die falschen Informationen oder ergänzen Sie die fehlenden Informationen.

Schreiben Sie Ihre Korrekturen und Ergänzungen in die untere Tabelle.

CD 1 — 16

Produkt	Modell	Produktnummer	Preis
Tablet-Computer **[1]**	DiePhone 9	IOS632790	598,-
LED-Fernseher	**[2]**	LG84309871	899,-
Autoradio	Soundcrash	GR894821	164,50 **[3]**
Notebook	Flunder X	FLA80BCF654	643,-
Digitalkamera	Pixelwunder F-XSL	EOS86FG561 **[4]**	318,40
MP3-Player	Rama **[5]**	Z815111 **[6]**	96,-

1	4
2	5
3	6

21

3 Der Schlussmacher

Kb S. 32

Wortschatz

auflegen		der Kaufvertrag	
aufsuchen		lästig	
die Beziehung		Mitleid	
feige (Feigheit)		pragmatisch	
Gewissensbisse (Pl)		reduzieren (auf)	
inbegriffen in		der Rücktritt	
jäh (Adj)		vermeiden	

1 Ergänzen Sie Antonyme aus der Wortliste.

angenehm ⇔ _____

allmählich ⇔ _____

ausgenommen / ohne ⇔ _____

mutig ⇔ _____

(ein Telefongespräch) annehmen ⇔ _____

verlassen ⇔ _____

2 Welche idiomatischen Wendungen stehen im Text für folgende Ausdrücke? *In Klammern die Zeilen, in denen die Lösung steht.*

a) (Z. 10 – 20) eine Beziehung zerbricht _____

b) (Z. 14 – 23) unangenehme Art und Weise, etwas zu erreichen _____

c) (Z. 21 – 26) die zukünftige frühere Freundin / der zukünftige frühere Freund _____

d) (Z. 24 – 31) etwas Unangenehmes vermeiden _____

e) (Z. 26 – 33) sehr erstaunt / verwundert sein _____

f) (Z. 31 – 41) das ist das Wichtigste _____

3 Nominalkomposita. Ergänzen Sie die Wörter in den Umschreibungen der Komposita.

a) Auftraggeber: Jemand, der den _____ _____.

b) Tränenausbruch: Jemand _____ in _____.

c) Gewissensbisse: Das _____ » _____ « (»Autsch!«)

Leseverstehen   TestDaF ☐   Goethe B2 ☐   DSH ☒

1 Überprüfen Sie Ihr Textverständnis.

a) Wovon profitiert Dressler? _____

b) Ergänzen Sie die Tabelle.

Paket	Bezeichnung	Preis
1		29,95 €
	Schriftlich Schluss machen	

Konditionalsätze

Kb S. 35

c) Aus welchem Grund geht Dressler nicht in die Wohnungen? _____

d) **Ergänzen Sie den Satz mit den Informationen des Textes.**

Die Fähigkeit, etwas _____ zu können, ist bei Versicherungen und Trennungen das Wichtigste.

e) **Was verschafft Dressler die emotionale Distanz?** _____

f) **Welche Bedeutung hat das Verb »nachfragen« in Zeile 21?**
   1. ☐ sich nach etwas erkundigen
   2. ☐ eine bestimmte Ware verlangen
   3. ☐ noch einmal fragen, um eine befriedigende Antwort zu bekommen

g) Welches Kompositum wird im Text für folgende Umschreibung verwendet? (Es steht in Z. 33 – 39.)
   Eigentlich kann man die Dinge wiederverwenden, reparieren, erneuern. Aber weil man bequem oder faul ist, wirft man sie fort.

   Das Wort heißt: _____

Grammatik

1 Schreiben Sie passende Konditionalsätze mit und ohne »wenn«.

(Fußball/Tor)	1. _____ 2. _____ 3. _____	... wäre der Ball im Tor gewesen.
(Handschellen)	1. _____ 2. _____ 3. _____	... wäre er nicht verhaftet worden.
(Gipsbein)	1. _____ 2. _____ 3. _____	... hätte er kein Gipsbein.

23

Konditionalsätze

Kb S. 35

2 Irreale Wunschsätze. Machen Sie sich selber Vorwürfe *(mindestens je drei mit »hätte« und »wäre«)*.

a) Hätte ich doch (nicht?) auf meine Lehrerin gehört!

b) ___

c) ___

d) ___

e) Wäre ich doch nicht schon in einen Mittelstufenkurs gegangen!

f) ___

g) ___

h) ___

3 Komparation, Konditionalsätze. Die Konkurrenz der Media-Händler. In dem Märchen von den Media-Händlern heißt es:

Wenn im Fernsehen ein neuer, bunter, witziger und schriller Werbespot des Konkurrenten erschien, überlegte der andere, wie er einen noch bunteren, witzigeren und schrilleren Werbespot machen konnte.

⇨ Schreiben Sie auf, was der Mediahändler noch alles tat, um seinen Konkurrenten zu übertreffen.
⇨ Verwenden Sie abwechselnd Konditionalsätze **mit »wenn«** *(+ wenn)* und **ohne »wenn«** *(– wenn)*.
⇨ Verwenden Sie im Hauptsatz **Komparative** *(im Beispiel: viele attraktive – noch mehr und noch attraktivere)*
⇨ Schreiben Sie für e) und f) eigene Sätze.

a) (viele attraktive, Sonderangebote machen, + *wenn*) → Wenn der eine viele attraktive Sonderangebote machte, überlegte der andere, wie er noch mehr und noch attraktivere Sonderangebote machen konnte.

b) (leise und viel Energie sparende Kühlschränke anbieten, – *wenn*) → ___

c) (leichte, schnelle Handys mit scharfem Display und 2689 Funktionen, + *wenn*) → ___

d) (leckere Bonbons an die Kinder, schöne Rosen an die Frauen verteilen, – *wenn*) → ___

e) ___

f) ___

Dunkle Gefühle

Kb S. 28

Schreiben

In einem Internetforum wird die Frage gestellt: »*Welches ist die schlimmste Eigenschaft, die ein Mensch haben kann?*« Es werden zur Auswahl angeboten:

Eifersucht	Neid	Schadenfreude	Rachlust	Wut	Bequemlichkeit	Hass
		Überheblichkeit	Angst			

Eine Frau hat dazu den nebenstehenden Beitrag geschrieben.

1 Schreiben Sie, welche Eigenschaft <u>Sie</u> für die schlimmste halten. Begründen Sie Ihre Meinung.

> Ich finde, dass Neid die schlimmste Eigenschaft ist. Es ist ja nicht so, dass man irgendwelche Schauspielerinnen oder Millionäre beneidet, sondern Nachbarn, Kollegen und Bekannte. Ich finde, dass vergiftet die Beziehungen. Wer neidisch ist, ist auch immer unzufrieden. Und das führt dazu, dass man noch mehr Neid auf andere empfindet.

Sprechen

Arbeiten Sie zu zweit.

Goethe B2

Partner A — Stellen Sie Ihrem Partner Text A vor. Nehmen Sie zu dem Inhalt Stellung.
- Welche Aussage enthält der Text?
- Welche Beispiele fallen Ihnen dazu ein?
- Welche Meinung haben Sie dazu?

Partner B — Stellen Sie Ihrem Partner Text B vor. Nehmen Sie zu dem Inhalt Stellung.
- Welche Aussage enthält der Text?
- Welche Beispiele fallen Ihnen dazu ein?
- Welche Meinung haben Sie dazu?

Text A

Mit wem hast du dich getroffen? Wer ist diese alte Schulfreundin? Wer schreibt dir so spät noch SMS? Manchmal zerstört Eifersucht die Beziehung. Doch eine repräsentative Umfrage fand jetzt heraus, dass fast die Hälfte der Deutschen (48,2 Prozent) Eifersucht als Beweis für Liebe betrachtet. Denn sie zeige, wie wichtig man dem anderen sei.

30,5 Prozent hielten es nach dieser Umfrage für legitim, dass der Partner heimlich das Handy nach verdächtigen Anrufen durchsucht. 6,9 Prozent würden sogar einen Privatdetektiv engagieren, um Klarheit zu erhalten.

Text B

Die Hälfte aller Bundesbürger glaubt, dass wir in einer Neidgesellschaft leben. Frauen, finden 33 Prozent der Deutschen, sind neidischer als Männer.

Auf Neid trifft man nach Angaben der Befragten am ehesten in der Nachbarschaft und am Arbeitsplatz, weniger häufig im Freundes- und Bekanntenkreis oder in der Familie. Dass sie selber neidisch sind, geben nur wenige Bundesbürger zu: 7 Prozent.

Typische Situationen, bei denen Neid eine Rolle spielen würde, sind nach Angaben der Befragten zum Beispiel
- wenn ein Arbeitskollege mehr verdient,
- wenn ein Nachbar geerbt hat,
- wenn ein Freund oder eine Freundin mit der Familie viel glücklicher als man selbst ist.

3 Wiederholung

Wiederholung		
Grammatik	Aktiv-Passiv	Kb, S
	Komposita	Kb, S
Leseverstehen	Wörter raten	Kb, S
Wortschatz	dunkle Gefühle	Üb, S

W1 Schwerpunkt: Aktiv/Passiv. Welche Wörter passen in die Lücke?
Bitte ankreuzen.

Rache

1 Jede menschliche Zivilisation hat die Auf-
2 gabe, Rachegefühle und Rachehandlungen
3 zurückzudrängen und Selbstjustiz zu ver-
4 hindern. Der demokratische Rechtsstaat hat
5 eine Gewaltmonopol; Strafen ____ (1) von
6 der Justiz übernommen. Der Vater, der die
7 Ermordung seines Kindes rächt, wird ins
8 Gefängnis ____ (2). Dennoch: Der Wunsch
9 nach Rache und Vergeltung ____ tief im
10 Menschen ____ (3). Rache-Ratgeber und -In-
11 ternetportale geben Hinweise, wie man sich
12 an Kollegen, ungerechten Lehrern oder illo-
13 yalen Partnern rächen kann. Viele Menschen
14 haben Verständnis für den rächenden Vater,
15 empfinden Genugtuung, wenn ein Mörder seine Tat mit dem Leben bezahlt.
16 Kanzlerin Angela Merkel freute sich ____ (4) die Tötung von Osama bin
17 Laden. Und die US-Amerikaner bejubelten ihren Präsidenten Obama, weil er
18 den Mord lange geplant und bin Laden ihrer Meinung nach zu Recht bestraft
19 ____ (5).

20 Rachlust ist eine Emotion, die aus dem Gefühl entsteht, dass man ungerecht
21 behandelt worden ist. Untaten »schreien« nach Rache, nach Gerechtigkeit.
22 ____ (6) der Mensch Kränkungen, Verletzungen oder Demütigungen erlitten
23 hat, kann er primitive Kräfte entwickeln. Man meint, eine Rechnung offen zu
24 haben, reagiert verbittert und hat Rachephantasien. Und weil die Welt nicht
25 frei ist von Kränkungen, Verletzungen und Demütigungen, ____ Rachege-
26 lüste im Alltag weit ____ (7).

27 Kein Wunder, dass in Literatur und Film Rache als Motiv der Handlung sehr
28 häufig zu finden ____ (8). Filme wie »Dirty Harry«, »Ein Mann sieht rot«,
29 »Dogville« oder »Kill Bill« sind erfolgreich, weil sie an das menschliche Be-
30 dürfnis nach Gerechtigkeit durch Rache anknüpfen. Sie funktionieren nach
31 einer einfachen Formel: Rache als Reaktion auf Unrecht erscheint legitim,
32 wenn die Tat anders nicht gesühnt ____ (9). Die Gefahr besteht darin, dass
33 diese Selbstjustiz auf reales individuelles Verhalten oder auf die Lösung ge-
34 sellschaftlicher Konflikte übertragen ____ (10).

Worterklärungen

Z. 10:	verankern	fest mit etwas verbunden sein
Z. 32	sühnen	für ein Unrecht oder Verbrechen bestraft werden
Z. 34	übertragen	auf etwas anderes, ein anderes Gebiet anwenden

1. a) haben b) hat c) werden
2. a) kommen b) gekommen c) sein
3. a) ist ... verankert b) wird ... verankert c) hat ... verankert
4. a) auf b) über c) an
5. a) wurde b) wird c) hatte
6. a) Wenn b) Deshalb c) Denn
7. a) wird ... verbreitet b) ist ... verbreitet c) sind ... verbreitet
8. a) hat b) kann c) ist
9. a) war b) worden ist c) werden kann
10. a) ist b) wird c) hat

W2 Komposita. Ergänzen Sie in den folgenden Umschreibungen der Komposita die fehlenden Wörter.

a) Z. 2: **Rachehandlungen** → _____, deren Motiv _____ ist.

b) Z. 3: **Selbstjustiz** → man übernimmt die Bestrafung von jemandem _____.

Wiederholung

c) Z. 5: **Gewaltmonopol** → jemand (der Staat) hat das _____ (= allein das Recht) auf die Ausübung von _____

d) Z. 24: **Rachephantasien** → man stellt sich vor, wie man sich an jemandem _____.

W3 Wörter raten. Welche Bedeutung haben folgende Wörter. Was hat Ihnen bei Ihrer Vermutung geholfen? Überprüfen Sie Ihre Vermutungen mit einem Wörterbuch.

Wort	Vermutung	Hilfen Wortbildung	Hilfen Kontext
Z. 3: zurückdrängen	☐ a) bestrafen ☐ b) die Wirkung schwächen ☐ c) die Wirkung stärken	zurück (nach hinten) – drängen	verhindern; Rechtsstaat hat Gewaltmonopol
Z. 15: Genugtuung	☐ a) Befriedigung ☐ b) Mitleid ☐ c) Trauer		
Z. 21: Untat	☐ a) eine Tat, die besonders grausam und böse ist ☐ b) eine Tat, die nicht so schlimm ist ☐ c) eine Tat, die gar nicht passiert ist		
Z. 22: demütigen (Demütigung)	☐ a) jemandem den Mut nehmen ☐ b) jemandem Mut machen ☐ c) jemanden herabsetzen, psychisch verletzen		

W4 Welche dunklen Gefühle sind gemeint?

a) Nichts ist komischer als das Unglück (natürlich anderer). *(Samuel Beckett)*	
b) Der alte Grundsatz »Auge um Auge« macht schließlich alle blind. *(Martin Luther King)*	
c) »Das habe ich getan«, sagt mein Gedächtnis. »Das kann ich nicht getan haben«, sagt mein _____ und bleibt unerbittlich. Endlich gibt das Gedächtnis nach. *(Friedrich Nietzsche)*	
d) _____ ist Angst vor dem Vergleich. *(Max Frisch)*	
e) _____ ist die Liebe, die gescheitert ist. *(Sören Kierkegaard)*	

4 Der Frosch im Wasser   Kb S. 39

Wortschatz (Soziale Netzwerke, Datenschutz)

sich abmelden		die Mail *(engl.)*	
der Account *(engl.)*		das Netz	
anklicken		der Nutzer	
sich anmelden		online *(engl.)*	
ausloggen		das Portal	
auswerten		die Privatsphäre	
der Browser *(engl.)*		das Profil	
der Datenschutz		der Server *(engl.)*	
einloggen		der Suchbegriff	
gläsern *(Adj.)*		surfen *(engl.)*	
herunterladen		überwachen	
die Krake		die Website *(engl.)*	

1 Ordnen Sie Wörter aus der Wortliste den Oberbegriffen »Datenschutz« und »im Internet surfen« zu.

Datenschutz	im Internet surfen

Hörverstehen

2 Hören Sie den zweiten Teil des Textes und ergänzen Sie während des Hörens die fehlenden Wörter (1 Lücke = 1 Wort).

Gesellschaften _____ ähnlich wie ein Frosch im heißen Wasser. Wenn man sie langsam daran _____, merken die Menschen _____ gar nicht. In unserer Gesellschaft nimmt zum Beispiel die _____ immer mehr zu. Gut ist das _____, denn jemand der sich _____ fühlt, verhält sich anders als _____, der sich nicht beobachtet fühlt. Jemand, der weiß, dass er vom _____ beobachtet oder sogar gefilmt wird, wird wahrscheinlich nicht – oder nicht so oft – öffentlich seine _____ sagen oder auf _____ gehen. Das _____ die Meinungsfreiheit und die Versammlungsfreiheit _____. Die Menschen _____ sich dann immer mehr und nach und nach _____. Sie verhalten sich dann so, wie man es von ihnen _____. In einer Gesellschaft würden so die _____ irgendwann _____. Deshalb sollten wir ab und zu mal einen _____ auf das Thermometer werfen und schauen, wie _____ das Wasser schon für uns ist.

Was geht euch das an? / Was Facebook alles weiß   Kb S. 41/43

Grammatik (Was geht euch das an?)

1 Passiv. Die Subjekte in den Texten sind durchgestrichen. Setzen Sie die Sätze ins Passiv, ohne die Subjekte zu verwenden.

Google Street View	
~~Der Dienst~~ möchte die gesamte bewohnte Welt fotografieren. ~~Man~~ kann Häuser, Gärten, Plätze und Straßen in gestochen scharfen Bildern sehen.	Die gesamte Welt soll fotografiert werden.
Google Mail	
~~Das Mail-Programm~~ durchsucht automatisch den Inhalt jeder E-Mail auf Schlüsselwörter und blendet dazu passende Werbung ein. ~~Die Dienste von Google~~ tauschen untereinander Daten aus.	
Payback	
Die Payback-Karte legt ~~man~~ beim Bezahlen an der Kasse vor. ~~Payback~~ speichert Kundennummer, Datum, Filiale, Umsatz und eingekaufte Produkte. ~~Die Karte~~ ermöglicht den »gläsernen Kunden«. Aus den gesammelten Daten kann ~~die Firma~~ Rückschlüsse auf den Lebenswandel des Kunden ziehen und den Erfolg von Werbung messen.	

Hörverstehen (Was Facebook alles weiß)   TestDaF ☒   Goethe B2 ☐   DSH ☐

1 Welche Aussagen entsprechen dem Text. Kreuzen Sie »richtig« (R) oder »falsch« (F) an.

a) Max hat alle Daten erhalten, die Facebook über ihn gespeichert hat. .... R F

b) Auch Daten, die Max gelöscht hat, befinden sich auf dem Server von Facebook. .... R F

c) Max hat analysiert, welche Wörter er am häufigsten in Nachrichten verwendet. .... R F

d) Es wäre möglich, dass Geheimdienste an die Daten von Max gelangen. .... R F

e) Welche Informationen hat Facebook über Lisa?

    1. Wie viele Freunde und wie viele Freundinnen sie hat. .... R F

    2. Wann sie wo gewesen ist. .... R F

    3. Wann Sie bei Facebook eingeloggt war. .... R F

    4. Welche Wörter sie besonders in ihren Nachrichten verwendet. .... R F

4

980 Milliarden Seiten

Kb S. 44

Leseverstehen TestDaF ☒ Goethe B2 ☐ DSH ☐

1 Warum lautet der Titel des Textes »980 Milliarden Seiten«? Was vermuten Sie?

2 *Überprüfen Sie das Leseverstehen.* **Markieren Sie die richtige Antwort.**

1	Bei Facebook wird erwartet, dass man persönliche Daten preisgibt.	J N ?
2	Facebook löscht nur Daten, die man als »deleted true« markiert hat.	J N ?
3	Schrems hat in Facebook nie über psychische Krankheiten von Freunden geschrieben.	J N ?
4	Geheimdienste verwenden Daten von Facebook.	J N ?
5	Den meisten Facebook-Nutzern ist es egal, ob ihre Daten missbraucht werden.	J N ?
6	Facebook hat deswegen große Macht, weil es sehr viele Mitglieder hat.	J N ?
7	Gesetze sollten festlegen, wie in sozialen Netzwerken die Privatsphäre geschützt wird.	J N ?
8	In Europa ist die Privatsphäre besser geschützt als in den USA.	J N ?

J = steht im Text   N = steht nicht im Text   ? = Text sagt dazu nichts

3 Welche Wendungen stehen im Text für ... ?

a) Z. 1 - 8: wird nicht mehr wahrgenommen → *geht unter*

b) Z. 16 - 24: wen ich gewählt habe → _____

c) Z. 24 - 30: es ist nicht überraschend, dass → _____

d) Z. 24 - 40: überhaupt nicht, ganz und gar nicht → _____

e) Z. 40 - 48: so, dass es allen nutzt → _____

f) Z. 40 - 48: wir haben erst begonnen → _____

4 Ergänzen Sie die Wendungen aus Aufgabe 2 in den folgenden Sätzen.

a) _____ hat A. die gleichen Augen wie F. Sie sind Zwillinge.

b) Die Technik sollte _____ werden und nicht umgekehrt.

c) Dieser Text ist _____ als leicht. Ich versuche schon seit einer Stunde, ihn zu verstehen.

d) _____ das menschliche Gehirn zu verstehen.

980 Milliarden Seiten

Kb S. 44

Wortschatz

sich bewusst werden		preisgeben	
beschränken auf		das Profil	
durchsetzen		sich registrieren	
eingeben		sich entziehen	
der Freundeskreis		umfangreich	
der Geheimdienst		der Umgang mit	
missbrauchen		verborgen bleiben	
das Monopol		der Vermerk	
naheliegend		verzichten auf	

1 Ergänzen Sie Wörter aus der Wortliste, die den Satz in sein Gegenteil verkehren.

a) Es ist völlig unverständlich, die Prüfung schon jetzt zu versuchen. ⇔ Es ist __naheliegend__, die Prüfung schon jetzt zu versuchen.

b) Ich halte meine persönlichen Daten geheim. ⇔ Ich _____ meine persönlichen Daten _____.

c) Ich melde mich bei Google ab. ⇔ Ich lasse mich bei Google _____.

d) Für mich ist es offensichtlich, was Facebook mit meinen Daten macht. ⇔ Es _____ mir _____, was Facebook mit meinen Daten macht.

2 Lösen Sie das Kreuzworträtsel.

Die Buchstaben in den grauen Kästen ergeben Organisationen (Plural!), die sich für Daten interessieren.

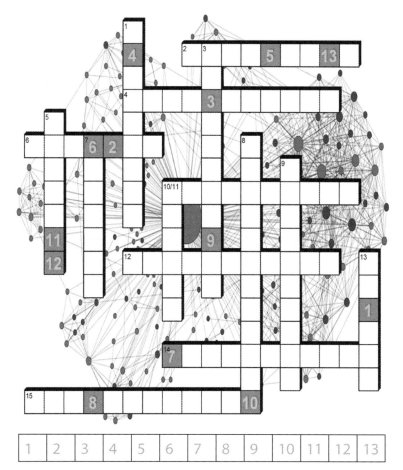

Waagerecht

2 *hier:* nicht tun, was man eigentlich tun sollte
4 *Meine Japanisch-Kenntnisse _____ sich auf drei Wörter.*
6 kurze schriftliche Notiz
10 etw. (z.B. ein Geheimnis) verraten
12 *Ihre Bibliothek ist sehr _____. Sie umfasst 4693 Bücher.*
14 *Es reicht nicht, ein Gesetz zu verabschieden. Man muss es auch _____.*
15 sich *(meistens mit Name, Adresse, E-Mail-Adresse)* anmelden

Senkrecht

1 *Mir ist _____ geblieben, dass du ein großer Künstler bist. Aber jetzt weiß ich es.*
3 sehr gut verständlich
5 *»Weißt du, was du falsch gemacht hast? – Ja, ich bin mir _____, dass ich einen Fehler gemacht habe.«*
7 eine Firma, die keine Konkurrenten hat
8 *hier:* unerlaubt verwenden
9 nicht nutzen, obwohl man es könnte: auf den Nachtisch _____
11 (Gesamtheit von) Eigenschaften, die typisch für jemanden sind und ihn von anderen unterscheiden
13 die Art und Weise, wie man etw. behandelt (Nomen)

4 980 Milliarden Seiten Kb S. 44

Grammatik

Außer den **Passiv-Ersatzformen** *(sich lassen, -Adjektiv + -bar, sein ... zu* – siehe Kursbuch S. 22) gibt es noch andere Möglichkeiten, das **Modalverb »können« zu umschreiben**. Dieses Ausdrücke erfordern einen **Infinitivsatz mit zu** *(siehe Kapitel 9).*

in der Lage sein, etwas zu tun	Sie ist *in der Lage*, den Text in fünf Minuten *zu* übersetzen.
imstande sein, etwas zu tun	Sie ist *imstande*, den Text in fünf Minuten *zu* übersetzen.
es ist (un)möglich, etwas zu tun	*Es ist (un)möglich*, den Text in fünf Minuten *zu* übersetzen.

1 Verwenden Sie statt »können« die in Klammern angegebenen alternativen Ausdrücke.

a) Facebook: Verhalten der Mitglieder analysieren *(in der Lage)* _Facebook ist in der Lage, das Verhalten der Mitglieder zu analysieren._

b) Facebook: E-Mails nach Schlüsselwörtern auswerten *(imstande)* _____

c) genaues Profil der Facebookmitglieder erstellen *(möglich)* _____

d) Facebook: mit Hilfe der Kundendaten die Werbeeinnahmen erhöhen *(in der Lage)* _____

e) Entwicklung nicht voraussehen *(sich lassen)* _____

2 Ergänzen Sie typische Fähigkeiten, die in den Berufen verlangt werden.

a) Ein Polizist _ist in der Lage, mit einem Gummiknüppel zu schlagen._

b) Ein Programmierer _____

c) Eine Psychotherapeutin _____

d) Ein Investmentbanker _____

e) Eine Rechtsanwältin _____

3 Nicht jeder kann alles können! **Wozu sind die Menschen, die folgende Berufe haben, (wahrscheinlich) nicht in der Lage?**

a) Ein Buchhändler _ist nicht imstande, das Higgs-Boson-Teilchen zu erklären._

b) Ein Politiker _____

c) Eine Lehrerin _____

d) Ein Berufssoldat _____

e) Ein Pfarrer _____

f) Ein Journalist _____

Orientierung auf Webseiten

Kb S. 49

1 Sie besuchen die Webseite einer Universitätsbibliothek (*hier SUB Göttingen*) und möchten

1. wissen, wann die Öffnungszeiten der Bibliothek sind;
2. ein Buch im Katalog suchen;
3. eine E-Mail an die Bibliothek schreiben;
4. auf die Webseite der Universität Göttingen gelangen;
5. die Telefonnummer der Bibliothek erfahren;
6. einen Begriff auf einer Webseite der Bibliothek suchen.

Auf welche Links müssen Sie klicken? *Schreiben Sie die Ziffern 1 – 6 in die Kreise.* (Bei einigen Kreisen finden Sie keine der Informationen!)

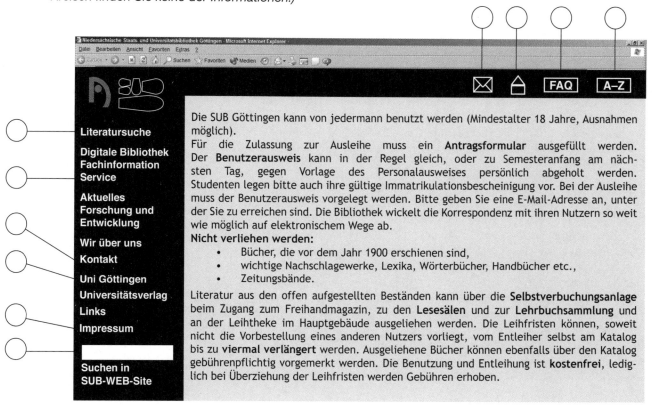

2 Kreuzen Sie an, welche Informationen Sie auf der Webseite erhalten. Schreiben Sie den entsprechenden Buchstaben an die Stelle, wo die Informationen stehen. Beantworten Sie anschließend die Fragen stichwortartig.

a) ☒ Wie alt muss man sein, um Bücher ausleihen zu können? *18 Jahre*

b) ☐ Wie viel kostet die Ausleihe? _____

c) ☐ Welche Bücher kann man nicht ausleihen? _____

d) ☐ Kann ich ein Buch ausleihen, obwohl ich kein Student/keine Studentin bin? _____

e) ☐ Wie lange kann ich ein Buch ausleihen? _____

f) ☐ Was muss ich mitbringen, wenn ich ein Buch ausleihen möchte? _____

g) ☐ Was mache ich, wenn ein Buch, das ich haben möchte, schon ausgeliehen ist?

4

Wiederholung

	Wiederholung	
Grammatik	Aktiv-Passiv	Kb, S
	Relativsätze	Kb, S
	Konditionalsätze	Kb. S
Leseverstehen	Wörter raten	Kb, S
Wortschatz		Üb, S

W1 **Schwerpunkt: Relativpronomen.** Welche Wörter passen in die Lücke? Bitte ankreuzen.

1 **Das Ende der Privatsphäre?**

2 Die Durchleuchtung der Kommunikation von Menschen und Gruppen ist
3 heute technisch kein Problem mehr. Wer telefoniert mit ____ (1) ? Wann?
4 Wie lange? Wer verschickt E-Mails ____ (2)? Wie häufig? Und was bedeutet
5 der neue Kontakt, der plötzlich immer wieder auftaucht? Ein Indiz für eine
6 Liebesaffäre? Ein Hinweis auf einen neuen Geschäftspartner oder auf eine
7 Krankheit, die dringend ärztlich behandelt ____ (3)?

8 Die Internetgiganten verarbeiten jeden Tag Milliarden Daten ihrer Nutzer,
9 sie speichern ____, sie verknüpfen ____, sie pflegen und verkaufen ____ (4).
10 Und lernen die Nutzer dabei immer besser kennen. Die Website, die wir be-
11 suchen, die Begriffe, die wir googeln, die Kreditkartennummern, mit ____ (5)
12 wir online einkaufen, enthüllen nicht nur Details über unsere Arbeit, Hobbys,
13 Familien, politische Einstellung und Gesundheit. Sie offenbaren auch unsere
14 Geheimnisse, Fantasien, Jugendsünden und, in den extremsten Fällen, unsere
15 Verbrechen.

16 »Sie haben keine Privatsphäre«, verkündete Scott McNealy, einer der Gründer
17 von Sun Microsystems, schon im Jahre 1999. »Finden Sie sich damit ab.«
18 ____ (6) die Propagandisten von Google und Co. das Ende der Privatsphäre
19 für unausweichlich halten, ist offenkundig. Sie leben von den Daten, die wir
20 ihnen überlassen. Und sie leben umso besser, je mehr Daten sie bekommen.
21 Denn fast alles, ____ (7) wir online machen, wird irgendwo in den Tiefen des
22 Netzes registriert. Wenn wir eine Website öffnen oder ein Video anschauen,
23 wenn wir einen Suchbefehl eingeben oder eine E-Mail versenden, wenn wir
24 den »Like-Button« von Facebook anklicken oder ein Programm herunter-
25 laden, hinterlassen wir eine Spur. Eine Spur, die in Echtzeit und beinahe
26 kostenlos mit allen anderen Spuren verknüpft ____ (8) kann, die wir früher
27 hinterlassen haben.

1 a) ☐ wen
  b) ☐ wer
  c) ☐ wem

2 a) ☐ wohin
  b) ☐ wo
  c) ☐ was

3 a) ☐ werden muss
  b) ☐ ist
  c) ☐ musste

4 a) ☐ 3 x es
  b) ☐ 3 x sie
  c) ☐ 3 x ihnen

5 a) ☐ die
  b) ☐ der
  c) ☐ denen

6 a) ☐ Wann
  b) ☐ Deshalb
  c) ☐ Warum

7 a) ☐ was
  b) ☐ warum
  c) ☐ dass

8 a) ☐ werden
  b) ☐ worden
  c) ☐ geworden

W2 **Aktiv / Passiv.** In den Zeilen 22 – 27 wird – um den Leser direkt anzusprechen – »wir« als Subjekt verwendet. **Schreiben Sie den kompletten Satz ins (sachliche) Passiv.**

Wenn eine Website _____ oder eine Video _____
_____, wenn _____ oder eine
E-Mail _____, wenn _____
_____ oder _____
_____, _____ hinterlassen.

W3 **Konditionalsätze.** Das gleiche Satzgefüge wie aus W 2 (Zeilen 22–24) besteht aus mehreren konditionalen Nebensätzen mit »wenn«: »*Wenn wir eine Webseite öffnen ...*« **Verwandeln Sie die konditionalen Nebensätze mit »wenn« in Konditionalsätze ohne »wenn«.**

Öffnen wir _____
_____,
_____
_____,
_____ Spur.

Wiederholung

W4 **Wörter raten.** Welche Bedeutung haben folgende Wörter? Was hat Ihnen bei Ihrer Vermutung geholfen? Überprüfen Sie Ihre Vermutungen mit einem Wörterbuch.

Wort	Vermutung	Hilfen Wortbildung	Hilfen Kontext
Z. 2: durchleuchten	a) übersetzen b) gründlich analysieren c) speichern		Fragen, die anschließend gestellt werden
Z. 12: enthüllen und Z. 13: offenbaren	a) verhindern b) verstecken c) etw., was versteckt war, zeigen	ent = weg, Hülle weg, → man sieht alles	
Z. 19: unausweichlich	a) kann nicht verhindert werden b) kann verhindert werden c) kann nicht erlaubt werden		
Z. 19: offenkundig	a) nicht zu erkennen b) sehr deutlich c) merkwürdig		

W5 **Unbestimmte Relativsätze.** Ergänzen Sie Relativsätze mit den Angaben in der Klammer.

Facebook weiß, ...

a) _welche Schule ich besucht habe._ _____ (Schule)
b) _____ (Studien**ort**)
c) _____ (Studiendauer)
d) _____ (Zeitpunkt des Examens)
e) _____ (Meinung über Regierung)
f) _____ (Personen, die mir E-Mails schreiben)

W6 **Wie heißen die Wörter?**

a) Ich könnte es haben, aber ich nehme es nicht.	e) Man kann es nicht sehen. Jemand hat es versteckt.
b) Ich hatte einen Plan. Es gab Widerstände, aber ich habe es erreicht.	f) Das ist nicht öffentlich. Das betrifft nur mich selbst.
c) Überall in diesem Kaufhaus sind Videokameras installiert.	g) Bitte _____ Sie sich mit Ihrem Benutzernamen und Passwort.
d) Seine Doktorarbeit umfasst 1328 Seiten.	h) BND, MI 6, CIA, KGB, FSB, DGSE

5 2000 km vom Glück entfernt   Kb S. 54

Leseverstehen   TestDaF ☒   Goethe B2 ☒   DSH ☐

1 Überprüfen Sie Ihr Textverstehen.
Welche Information a), b) oder c) passt zu den Stichworten? Bitte ankreuzen.

1. Trennungsschmerz
   - a Kerstin leidet im Alltag darunter.
   - b Nach einigen Tagen spürt Kerstin ihn nicht mehr so stark.
   - c Er ist besonders stark, wenn man weit voneinander entfernt lebt.

2. Eifersucht
   - a Eifersucht spielt in der Beziehung zwischen Kerstin und Javier keine Rolle.
   - b Nur manchmal ist Kerstin eifersüchtig.
   - c Javier hat mit Eifersucht größere Probleme als Kerstin.

3. Alltag
   - a Kerstin kennt auch aus der Ferne den Alltag von Javier.
   - b Kerstin bedauert es, dass sie den Alltag nicht zusammen erleben.
   - c Kerstin ist sich unsicher, ob der Alltag mit Javier funktionieren würde.

4. Sprache
   - a Sie verständigen sich meistens auf Spanisch, selten auf Deutsch.
   - b Kerstin kann Javier nicht so gut mitteilen, was sie denkt und fühlt.
   - c Kerstin ist frustriert, dass Javier keinen Deutschkurs besuchen will.

5. Kulturelle Probleme
   - a Javier ist selbständiger als Kerstin.
   - b Erst nach anderthalb Jahren durfte Kerstin bei ihrem Freund übernachten.
   - c Am Anfang wussten Javiers Eltern nichts von der Beziehung zwischen Javier und Kerstin.

2 Welche Ausdrücke werden im Text gebraucht für …?

a) Z. 8 – 16: Kerstin ist verliebt und sehr glücklich ➙ Kerstin ist _____

b) Z. 8 – 16: etwas wird intensiv getestet ➙ _____

c) Z. 15 – 23: Ihr wird etwas klar, und das ist unangenehm ➙ _____

d) Z. 30 – 37: Es ist nicht weit entfernt ➙ _____

e) Z. 45 – 51: Das Problem ist gelöst, aber nur für eine kurze Zeit ➙ _____

3 Ergänzen Sie Ausdrücke aus Aufgabe 2 in den folgenden Sätzen.

a) Er musste stundenlang auf sie warten. Seine Geduld wurde _____

b) Nein, das ist nur ein _____ , noch nicht einmal 3 Minuten bis zum Bahnhof.

c) Diese Wohnung ist nur eine _____ . In zwei Monaten ziehe ich hier wieder aus.

d) _____ , dass sie für den Rest des Monats nur 12 € hatte.

2000 km vom Glück entfernt

Kb S. 54

Grammatik: Textbezüge, Kb S. 63

4 Markieren Sie in den folgenden Sätzen aus dem Text »2000 km vom Glück entfernt« die Textbezüge mit verschiedenen Farben.
Farbe 1: Bezugswort; Farbe 2: Wort, Satz oder Satzteil, worauf sich das Bezugswort bezieht.

Beispiel Nach einigen Wochen auf Wolke sieben musste Kerstin zurück nach Deutschland, 2000 Kilometer lagen zwischen ihr und ihrem Liebsten.

a) Alle Fernbeziehungspaare müssen lernen, mit den wechselnden Phasen des Getrennt- und Zusammenseins umzugehen, insbesondere mit dem Trennungsschmerz. Dieser ist dann besonders stark, wenn man beim Abschied weiß, dass man sich monatelang nicht sieht.

b) An Fernbeziehungen wird oft bemängelt, dass es keinen Alltag in der Partnerschaft gäbe. Kerstin bestätigt das.

c) Am schlimmsten trifft es Paare, die eine besonders große Entfernung trennt, etwa, wenn der Partner in China, Australien oder Peru lebt. Im Vergleich dazu ist Madrid ein Katzensprung und dank der Billigflieger gut und kostengünstig zu erreichen.

Wortschatz

ablehnen		kostengünstig	
der Abschied		meistern	
der Abschluss		nerven	
die Ausdauer		das Praktikum	
ausschließlich		die Sehnsucht	
bemängeln		selbständig	
sich bewusst werden		die Sprachbarriere	
erschweren		übernachten	
frustrieren		umgehen mit	
die Geduld		verleugnen	
die Herausforderung		sich verständigen mit	
in der Regel		zerbrechen (an)	
jobben		zurechtfinden	

1 Ergänzen Sie Antonyme aus der Wortliste.

a) teuer ⇔ _____
b) erleichtern ⇔ _____
c) scheitern ⇔ _____
d) fast nie ⇔ _____
e) abhängig ⇔ _____

f) sich bekennen zu ⇔ _____
g) Ungeduld ⇔ _____
h) zustimmen ⇔ _____
i) Wiedersehen ⇔ _____
j) nicht wissen ⇔ _____

2 Erklären Sie, welche Negationen die Wörter in sich tragen. Als Hilfen können Sie die Wörter verwenden. Ergänzen Sie jeweils »nicht«.

a) ablehnen _nicht ..._	d) verleugnen _____
b) zerbrechen _____	e) nerven _____
c) frustrieren _____	f) kostengünstig _____

stabil   zufrieden sein   bekennen   in Ruhe lassen   akzeptieren   teuer

2000 km vom Glück entfernt Kb S. 54

3 Welche Wörter passen nicht in die Liste. Warum nicht? *Streichen Sie diese Wörter durch und begründen Sie Ihre Auswahl. Falls Sie die Übersetzung hinter die deutschen Wörter geschrieben haben, decken Sie bitte die Worttabelle ab.*

Liste 1	bemängeln, ablehnen, Ausdauer, Abschied, nerven, frustrieren, zerbrechen, Geduld, Sprachbarriere, verleugnen
	_____ passt / passen nicht, weil _____
Liste 2	Ausdauer, sich bewusst werden, kostengünstig, sich verständigen, ablehnen, meistern, zurechtfinden
	_____ passt / passen nicht, weil _____

Das Verb »entscheiden«

(1) entscheiden + Akk	Der Torwartfehler entschied das Spiel.
(2) entscheiden über	Der Bundestag entscheidet über das Gesetz. Die Note im Abitur entscheidet über die Studienzulassung.
(3) sich entscheiden für / gegen	Sie hat sich für ein Praktikum in Madrid entschieden.
(4) etwas entscheidet sich	Es entscheidet sich bald, ob Kerstin nach Spanien zieht.
es ist entscheidend, dass / ob	Es ist entscheidend, dass man die unterschiedlichen Lebenswelten zusammenbringt.

4 Schreiben Sie Sätze mit (sich) entscheiden (Bedeutungen (1) – (4))

Beispiel Er hat einen schweren Unfall: **Entscheidung**: morgen – operieren
→ (4) Es entscheidet sich morgen, ob er operiert wird.

a) Punkte in der Prüfung – **Entscheidung**: bestanden oder nicht bestanden. → ( ) Die Punkte in der Prüfung _____

b) Uni Hamburg oder Bremen standen zur Auswahl: **Entscheidung**: Ich – Hamburg → ( ) Ich _____

c) Morgen findet eine UN-Vollversammlung statt. **Entscheidung**: Militäreinsatz in X. → ( ) Die UN-Vollversammlung _____

d) Die Schachpartie dauert schon 4 Stunden. **Entscheidung**: genialer Zug mit dem Springer von S. → ( ) Ein _____

e) Es gibt an den Hochschulen soziale Barrieren. Entscheidung: Ausbildung der Eltern – Studium oder Lehrer der Kinder. ( ) → Die Ausbildung der Eltern _____

f) Sie hat die Bewerbung für einen Studienplatz abgeschickt: **Entscheidung**: vier Wochen – Studienplatz erhalten → ( ) _____

2000 km vom Glück entfernt

Kb S. 54

5 Ergänzen Sie die Wörter und Ausdrücke aus der Vorbereitungsaufgabe C, Kursbuch S. 53.

Ihre Fernbeziehung sollte nur eine _____ sein: In zwei Monaten wollten A. und B. zusammenziehen. Dann aber passierte es. B. lernte einen anderen Mann, C., kennen, und die Beziehung zu B. wurde _____. Die Gefahr war sehr groß, dass ihre _____. Als A. davon erfuhr, wurde er fast verrückt vor _____ und _____, aus dem er wochenlang nicht mehr herauskam. Er _____, wie er sich am besten rächen könnte. Nach einiger Zeit aber war er überzeugt, dass er nur _____ haben müsse: B. würde schon merken, dass C. ein Angeber und Dummkopf sei.

6 Lösen Sie das Kreuzworträtsel. Alle Wörter sind der Wortliste auf S. 37 entnommen.

Die Buchstaben in den grauen Kästen ergeben **eine Fähigkeit, die man in einer Fernbeziehung unbedingt braucht.**

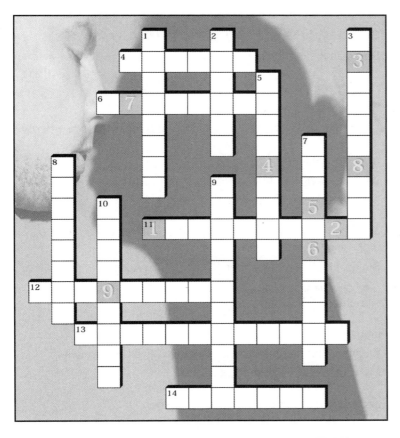

Waagerecht

4 etwas oder jemand stört sehr *(ugs.)*
6 »Du läufst Marathon? Du hast eine gute _____!«
11 behaupten, dass man jemanden nicht kennt oder etw. nicht hat (was nicht stimmt)
12 starkes Verlangen nach jdm., der (meistens weit) entfernt ist
13 »Er spricht kein Deutsch und ich kein Japanisch: Wir können uns nicht _____«
14 etwas (oft ein Problem) in bestimmter Weise behandeln

Senkrecht

1 ein schwieriges Problem lösen
2 Fähigkeit, auf etw. lange und mit Ruhe zu warten
3 etwas schwerer machen
5 Teil einer Ausbildung, die man in einem Betrieb macht, um Erfahrungen zu sammeln
7 die Nacht irgendwo verbringen
8 etwas nicht annehmen, Nein zu etwas sagen
9 man braucht fremde Hilfe nicht, man ist nicht von anderen abhängig
10 etwas als Fehler kritisieren

5 In der Ferne liegt mein Glück

Kb S. 56

Hörverstehen TestDaF ☐   Goethe B2 ☒   DSH ☐

1 Schlagen Sie – wenn Sie möchten *vor* dem Hören – folgende Wörter nach und schreiben Sie die Übersetzung auf.

die Absprache		klarkommen	
die Aufteilung		die Kleinigkeit	
der/die Betroffene		das Ritual	
die Beunruhigung		unterdrücken	
ein Konto einrichten		verbringen	
ersparen		vertragen	
heulen *(ugs.)*			

2 Überprüfen Sie Ihr Hörverstehen. Welche Antwort a), b) oder c) passt? Bitte ankreuzen.

1. Der Experte rät Frau Helmer:
   - a) Ihr Freund soll auch einmal nach Deutschland kommen.
   - b) Sie soll ihren Freund fragen, was er im Alltag macht.
   - c) Sie soll mit ihrem Freund auch über alltägliche Probleme sprechen.

2. Herr Schrader hat ein Problem beim Abschied von seiner Freundin:
   - a) Er weint, möchte es aber nicht zeigen.
   - b) Seine Freundin weint immer.
   - c) Seine Freundin scheint gar nicht traurig zu sein, dass er weggeht.

3. Der Experte ist der Meinung, dass Eifersucht in einer Fernbeziehung
   - a) nicht so schlimm ist.
   - b) die Beziehung zerstören wird.
   - c) nicht vermieden werden kann.

4. Der Experte rät Frau Gläser:
   - a) Jeder soll für Reisekosten den gleichen Betrag auf ein Konto einzahlen.
   - b) Sie sollen ein gemeinsames Konto für alle Ausgaben einrichten.
   - c) Sie sollen ein gemeinsames Konto nur für ihre Reiseausgaben einrichten.

5. Der Experte meint zum Thema Sehnsucht:
   - a) Gegen die Sehnsucht kann man nichts machen.
   - b) Wichtig sind regelmäßige Kontakte und Aufmerksamkeiten.
   - c) Man sollte den Partner oft besuchen.

6. Der Experte sagt zu Frau Meinecke:
   - a) Jeder soll die Sprache des anderen lernen.
   - b) Sie und ihre Freund sollten sich auf Englisch verständigen.
   - c) Liebe findet immer eine gemeinsame Sprache.

6. Herr Friedemann findet es nicht gut, dass
   - a) er und seine Freundin versuchen, Streit zu vermeiden.
   - b) sie oft unterschiedliche Meinungen haben.
   - c) sie sich oft streiten, wenn sie sich treffen.

Ratschläge für Fernbeziehungen

1 Welche Überschriften passen zu den Ratschlägen für eine Fernbeziehung?

⇨ Schreiben Sie den Buchstaben für den passenden Text in das Kästchen rechts.
⇨ Es gibt für zwei Überschriften keinen passenden Ratschlag. Schreiben Sie für diese Überschriften ein X.

1	Checken Sie, ob Sie überhaupt für eine Fernbeziehung geeignet sind.	E
2	Lernen Sie, mit Eifersucht umzugehen.	D
3	Betrachten Sie die gemeinsame Zeit als etwas Besonderes.	X
4	Lassen Sie Ihren Partner auch ihr normales Leben kennenlernen	H
5	Entwickeln Sie eine Perspektive, die Distanz aufzuheben und zusammenzuziehen.	F
6	Finden Sie ein festes Kommunikationsritual.	A
7	Lernen Sie, mit Streit und Konflikten umzugehen.	C
8	Trennen Sie sich nie ohne feste Verabredungen.	G
9	Seien Sie für den Partner immer erreichbar.	X
10	Lernen Sie, aus der Distanz Nähe zu vermitteln.	B

A Der Anruf um Mitternacht ist manchmal eine freudige Überraschung. Aber nur, wenn er nicht täglich kommt. Nehmen Sie sich das Recht, den Partner auch einmal zwei Tage lang nicht anzurufen. Jeder darf schweigsame Tage haben. Aber: Kündigen Sie an, wenn Sie unerreichbar sind. Sie schlafen schließlich auch nicht gern mit Rätseln ein.

B Die SMS oder der kurze Anruf zwischendurch sagen: »Ich bin zwar weit weg, aber trotzdem bei dir.« Ein wirklich emotionaler Satz als Abschluss des Abendtelefonats gibt Sicherheit für die Nacht. Es muss keine große Liebeserklärung sein - »Ich gucke mit dir gemeinsam Sterne« ist wie Händchenhalten am Telefon.

C Besprechen Sie grundsätzliche Fragen nicht am Telefon. Wenn es Konflikte gibt, sollten Sie sich nicht am Telefon im Streit trennen! Seien Sie nie aus Zorn oder Trotz unerreichbar! Das gibt dem anderen das schlimme Gefühl der Ohnmacht.

D Sie kennen dieses Gefühl nicht? In einer Fernbeziehung könnten Sie es erleben: Irgendwann fragt man sich, was passiert, wenn man sich zwei, drei Wochen nicht sieht. Zuerst nicht ernsthaft, weil man von der Treue des Partners überzeugt ist. Aber irgendwann fängt es an zu nagen. Was hilft? Die Freunde des Partners kennenzulernen und von der Liebe des Partners hundertprozentig überzeugt zu sein.

E Wenn Sie frisch verliebt sind, fällt das natürlich schwer. Stellen Sie sich trotzdem ganz nüchterne Fragen. Das erspart Konflikte und Enttäuschungen. Wer sich ohne den Partner ständig allein fühlt, zu ausgeprägter Eifersucht neigt, regelmäßige Reisen als Mühe empfindet oder extrem an seinen jahrelang gepflegten Wochenendritualen hängt, sollte es besser lassen. Auch wenn diese Entscheidung für den Moment richtig wehtut.

F Zu einer Fernbeziehung gehören auch Stress und Frust. Weil der liebste Mensch der Welt nicht da ist, wenn man Nähe so dringend braucht. Umso wichtiger zu wissen: Irgendwann ist Schluss damit! Auch wenn die Perspektive nur mittel- oder langfristig ist – sie gibt ein Ziel. Und manchmal Trost.

G Der Abschied am Flughafen nach einem Wochenende mit der großen Liebe ist schwer genug. Etwas leichter fällt er, wenn man sicher sagen kann: »Bis in zwei Wochen!« Weil der Flug des Partners schon gebucht ist. Spontaneität ist toll. Aber Fernbeziehungen brauchen Pläne!

H Ganz klar: Wenn der Partner da ist, hat er Priorität. Aber: Unternehmen Sie auch etwas mit Ihren Freunden. Für den Partner ist es wichtig zu wissen, was Sie und Ihre Freunde verbindet. Das schafft Nähe und Vertrauen. Und die brauchen Sie demnächst umso mehr. Wenn *er* weg ist.

5 Liebeslieder

Kb S. 61

Hörverstehen   TestDaF ☒   Goethe B2 ☐   DSH ☐

1 Hören Sie beide Teile des Hörtextes.
Entscheiden Sie beim Hören, welche Aussagen richtig (R) oder falsch (F) sind.

a) Frau Kraus hat Liebeslieder aus verschiedenen Ländern untersucht.   R F
b) Frau Kraus hat untersucht, was Liebe für die Menschen in verschiedenen Zeiten bedeutet hat.   R F
c) In modernen Liebesliedern wird Liebe realistischer dargestellt als früher.   R F
d) In den alten Liebesliedern ging es häufig um die Gefühle bei einer Trennung.   R F
e) Früher wurde vom Partner verlangt, dass er den anderen beschützt und ihm Sicherheit gibt.   R F
f) Früher waren die Liebesbeziehungen stabiler als heute.   R F
g) Der Partner ersetzt heute fehlende soziale Beziehungen.   R F
h) Früher hat man mehr vom Partner erwartet als heute.   R F

Grammatik

2 **Indirekte Fragen.** **Der Moderator hat Frau Krause Fragen gestellt. Vorher hat er sie mit einer Kollegin besprochen. Formulieren Sie indirekte Fragen.** *Es gibt mehrere Möglichkeiten.*

Beispiel (herausfinden wollen?)   Ich werde Sie fragen, **was** sie herausfinden wollte.

a) (Lieder untersucht?) *Ich werde sie fragen,* → _____

b) (Vorstellung von Liebe in den Liedern verändert?) → *Ich werde sie fragen,* _____

c) (früher weniger über das Scheitern der Liebe gesungen?) → *Ich werde sie fragen,* _____

d) (in heutigen Liebesliedern Schutz vom Partner gefordert) → *Ich werde sie fragen,* _____

e) (dadurch nicht zu hohe Ansprüche gestellt?) → *Ich werde sie fragen,* _____

f) (Beispiel für ihre Thesen?) → *Ich werde sie fragen,* _____

3 *Das gab es früher wirklich in den Texten.* **Ergänzen Sie Relativsätze.**

a) »Monika, ich hole **dir** die Sterne vom Himmel.«   Monika, **der** ich die Sterne vom Himmel hole

b) »Maria, **deine** Augen leuchten, **deine** Lippen glühen.« _____

c) Peter: »**Mein** Kopf ist verdreht.« _____

d) Herbert: »**Mein** Herz pocht wie verrückt.« _____

e) Sarah: »**Mein** Herz macht Freudensprünge.« _____

f) »Gaby, ich trage **dir** den Mülleimer runter.« _____

g) »Rex, ich verzeihe **dir** alles.« _____

Liebeslieder

Kb S. 61

4 Negationen.
L. ist ein ganz unsympathischer Mensch, M. hingegen in jeder Hinsicht das Gegenteil: ein Traumtyp.

So ist L. ...	... und so ist M.
Er hat sehr viele *Fehler* und *Vorurteile*, löst Konflikte meistens *mit Gewalt*, argumentiert mit vielen Widersprüchen, spricht *mit* einem furchtbaren *Akzent*, hat große *Sorgen*, hohe *Ansprüche* und viele *Falten*. Er zahlt nur *mit Bargeld*.	Er ist **fehlerfrei** und ...

5 Schreiben Sie Adjektive mit -los oder -frei.
Beachten Sie die im Kursbuch, S. 154 beschriebene Tendenz, wann meistens -frei und wann -los verwendet werden.

ohne Heimat _____	ohne Porto _____
ohne Angst _____	ohne Skrupel _____
ohne Schadstoffe _____	ohne Makel _____
ohne Zoll _____	ohne Merkel _____
ohne Lust _____	ohne Mond _____
ohne Gnade _____	ohne Störung _____
ohne Atem _____	ohne Ton _____
ohne Kompromiss _____	ohne Atomwaffen _____
ohne Pause _____	ohne Schulden _____

Sprechen

6 Begründeter Rat:
Üben Sie folgende Gespräche mit Ihrem Lernpartner.
Verwenden Sie die SoS »Ratschläge geben« auf S. 33 im Kursbuch.

- Bereiten Sie sich auf das Gespräch vor. Machen Sie sich Notizen zu den Vor- und Nachteilen und zu Ihrer eigenen Meinung.
- Partner B beginnt das Gespräch und schildert seinen Konflikt.
- Partner A stellt die Vor- und Nachteile dar, sagt seine persönliche Meinung und begründet sie kurz.
- Anschließend schildert Partner A sein Problem und Partner B gibt einen begründeten Ratschlag.

Partner A: »Sven«	Partner B: »Johanna«
Die Eltern Ihrer Freundin Johanna (= Partner B) möchten, dass sie für zwei Semester ins Ausland nach Brasilien geht. Johanna ist sich nicht sicher, ob sie das machen soll. Sie fürchtet sich vor allen Dingen davor, dass die Beziehung zu ihrer großen Liebe, Leon, die Fernbeziehung nicht überlebt. Johanna fragt Sie nach Ihrer Meinung. Sagen Sie Johanna, wozu Sie ihr raten: • Wägen Sie Vor- und Nachteile der beiden Möglichkeiten ab. • Begründen Sie Ihre Meinung.	Sven (= Partner A) absolviert zwei Auslandssemester in Shanghai (China). Eines Tages erhält er einen Anruf. Seine Freundin Clara, die in Berlin lebt, ist schwer krank geworden. Soll Sven seine Auslandssemester abbrechen und nach Berlin zurückkehren, oder soll er in Shanghai bleiben? Sven fragt Sie nach Ihrer Meinung. Sagen Sie Sven, wozu Sie ihm raten: • Wägen Sie Vor- und Nachteile der beiden Möglichkeiten ab. • Begründen Sie Ihre Meinung.

5 Wiederholung

Wiederholung		
Grammatik	Textbezüge	Kb, S
	Relativsätze	Kb, S
	Fragen stellen	Kb, S
Leseverstehen	Schlüsselwörter notieren	Kb, S

Scheidungshotel in Holland

1 Koffer packen und dem
2 Drama ein Ende bereiten:
3 Ehepaare, die sich im
4 Heartbreak Hotel ein-
5 mieten, sind 48 Stun-
6 den später geschieden.
7 2500 Euro zahlen die Scheidungswilligen dafür, dass die Ehe
8 professionell beendet wird – Kinderpsychologe und zwei
9 Einzelzimmer sind im Preis inbegriffen.
10 Vor wenigen Monaten hat Halfens das Heartbreak Hotel in den
11 Niederlanden gegründet, das Hotel zum Herzenbrechen. An
12 einem Wochenende erledigt er hier mit seinem Team aus An-
13 wälten, Psychologen und Notaren die Scheidung: Wer freitags
14 als Ehepaar eincheckt, ist sonntags geschieden. Das könne
15 er garantieren, und so stehe es auch in dem Vertrag, den die
16 Scheidungswilligen unterzeichnen, wenn sie ins Heartbreak
17 Hotel einchecken.
18 »Wir wollen den Paaren die Möglichkeit verschaffen, auf eine
19 möglichst angenehme und rationelle Weise auseinander-
20 zugehen«, sagt Jim Halfens. Dass eine Ehe auseinanderbricht,
21 sei schon unangenehm genug. Deshalb solle nicht auch noch
22 die Scheidung lange Leiden verursachen.
23 Angst davor, dass ein Streit in der Bar eskaliert, habe er nicht,
24 sagt Halfens. Dass Blumenvasen durchs Hotelzimmer fliegen?
25 Nein, auch das befürchte er nicht. Für einen Rosenkrieg*
26 reiche schließlich die Zeit nicht. «Wir wollen Paaren helfen, die
27 wissen, was sie wollen«, sagt Halfens. Die Emotionen müssten
28 schon abgekühlt sein. Dies sei eine Voraussetzung dafür, dass
29 das Projekt »Scheidung am Wochenende« funktioniere. »Wer
30 sich streiten will, ist bei uns falsch«, erklärt er. Jenen Ehepaaren
31 aber, die sich bereits Gedanken gemacht hätten, wer das Haus
32 bekommt oder wo die Kinder wohnen sollen, verspricht er ein
33 angenehmes und harmonisches Trennungswochenende. Auch
34 daran, so glaubt Halfens, werden sich die Ex-Partner gerne
35 erinnern.

*Rosenkrieg = heftiger Streit in der Ehe, Ehekrieg

die ← Ehepaare

dafür → das die Ehe professionell beendet wird

er _____
hier _____

das _____

den _____
sie _____

davor _____

das _____

sie _____

Dies _____

dafür _____

daran _____

W1 Lesen Sie den Text. Notieren Sie die Antwort zu den drei Fragen in Stichwörtern.

1. Was passiert im Heartbreak Hotel?	
2. Wer kommt ins Heartbreak Hotel?	
3. Was für Paare kommen ins Heartbreak Hotel?	

Wiederholung

W2 **Textbezüge.** Notieren Sie an den Rand, auf welche Wörter oder Satzteile sich die Bezugswörter beziehen. Markieren Sie auch mit Pfeilen, ob die Textbezüge nach (→) oder vor (←) dem Bezugswort stehen (siehe Beispiel die – ← Ehepaare).

W3 **Fragen stellen.** Stellen Sie Fragen nach den unterstrichenen Satzteilen. Die unterstrichenen Satzteile sind die Antworten.

a) <u>Ehepaare, die sich im Heartbreak Hotel einmieten,</u> sind 48 Stunden später geschieden.	Wer ist 48 Stunden später geschieden?
b) 2500 Euro zahlen die Scheidungswilligen dafür, <u>dass die Ehe professionell beendet wird.</u>	
c) <u>Vor wenigen Monaten</u> hat Halfens das Heartbreak Hotel in den Niederlanden gegründet.	
d) Den Paaren soll die Möglichkeit verschafft werden, <u>auf eine möglichst angenehme Weise</u> auseinanderzugehen.	
e) Halfens hat keine Angst davor, <u>dass ein Streit in der Bar eskaliert.</u>	
f) <u>Für einen Rosenkrieg</u> reicht die Zeit nicht.	
g) <u>Jenen Ehepaaren</u>, die sich bereits Gedanken gemacht hätten, wer das Haus bekommt, verspricht er ein angenehmes Trennungswochenende.	

W4 **Relativsätze.** Ergänzen Sie die Relativpronomen. Achten Sie auf den Kasus.

Um das Ehepaar kümmern sich im Heartbreak Hotel

a) ein Anwalt, mit _____ die juristischen Fragen geklärt werden;
b) ein Notar, mit _____ Hilfe das gemeinsame Vermögen aufgeteilt wird;
c) ein Makler, von _____ sie Angebote für zwei Wohnungen erhalten;
d) eine Psychologin, mit _____ sie besprechen, wie das Leben weitergeht;
e) ein Kinderpsychologe, _____ mit den Kindern spricht.
f) eine Mitarbeiterin einer Partnerbörse, mit _____ Hilfe beide einen neuen Partner finden.

W5 **Relativsätze.** Ergänzen Sie mit den angegebenen Verben Relativsätze. Überlegen Sie zunächst (oder schlagen Sie nach), welche Präpositionen zu den Verben gehören.

Ein Wochenende, _an das ich mich mein Leben lang erinnern werde_ _____ sich erinnern _an_

Ein Wochenende, _____ sich vorbereiten _____

Ein Hotel, _____ sich fürchten _____

Jim Halfens, _____ sich bedanken _____

Der Makler, _____ sich ärgern _____

Der Psychologe, _____ sich streiten _____

Mein Mann, _____ sich trennen _____

Meine Frau, _____ sich verstehen _____

6 Das Ultimatumspiel

Kb S. 64

Hörverstehen   TestDaF ☒   Goethe B2 ☐   DSH ☐

1 Entscheiden Sie beim Hören, welche Aussagen richtig (R) oder falsch (F) sind.

1	20 Euro oder weniger werden selten angeboten.	R	F
2	Spieler 2 denkt: »5 Euros ist besser als nichts.«	R	F
3	Spieler 2 akzeptiert meistens keine Angebote von weniger als 50 Euros.	R	F
4	Wenn unfaire Angebote zurückgewiesen werden, gibt es mehr Gerechtigkeit im Spiel.	R	F
5	Der Forscher meint, das Verhalten von Spieler 2 sei boshaft.	R	F
6	Spieler 1 rechnet damit, dass er für niedrige Angebote bestraft wird.	R	F
7	Das Verhalten der Spieler ist überall auf der Welt gleich.	R	F

2 Ergänzen Sie in dem Text die fehlenden Wörter.
  ⇨ Überlegen Sie zunächst, welche Wortart grammatisch passt, und schreiben Sie die Abkürzung der Wortart (siehe Hilfen unter der Tabelle) in die Spalte »fehlende Wortart«.
  ⇨ Schreiben Sie dann die Lösung hinter die entsprechende Ziffer der Spalte »Lösung«.

Text	fehlende Wortart	Lösung
Es scheint so, als ob die Ergebnisse beim Ultimatum-Spiel überall auf der Welt gleich _____ (0).	Verb	(0) _wären_
Sozialwissenschaftler Henrich hat sich aber gefragt, _____ (1) das Verhalten nicht doch soziale Ursachen hat.		(1) _____
Henrich ging von dieser Hypothese aus, _____ (2) er das Ultimatum-Spiel auch einmal mit einem Indio-Stamm im Amazonasgebiet gespielt hatte.		(2) _____
Überraschenderweise boten die Angehörigen des Machiguenga-Stammes manchmal nur 15 Prozent _____ (3) Gesamtbetrags.		(3) _____
Die Mitspieler lehnten diese Angebote auch nicht _____ (4).		(4) _____
Henrich meint, dass die früheren Forschungsergebnisse auf Experimenten _____ (5) Universitätsangehörigen beruhen.		(5) _____
Durch die Globalisierung _____ (6) die kulturellen Unterschiede in dieser sozialen Gruppe immer geringer.		(6) _____
_____ (7) würde man überall auf der Welt die gleichen Ergebnisse im Ultimatum-Spiel erhalten.		(7) _____
Spielt man das Spiel aber nicht mit Universitätsangehörigen, würde _____ (8) andere Ergebnisse erhalten.		(8) _____

Genitiv   Subjekt   Präposition   ~~Verb~~   Verb   Adverb   Subjunktion   Subjunktion   Präfix

Kurztexte »Gerecht?« Kb S. 68

Leseverstehen   TestDaF ☒   Goethe B2 ☒   DSH ☐

1 *Überprüfen Sie das Leseverstehen.* **Welche Antwort a), b) oder c) passt? Bitte ankreuzen.**

1. *(Text 1)* In Deutschland gelten 13 Millionen Menschen als arm, da
   - a sie weniger Geld haben als der Durchschnitt der Bevölkerung.
   - b sie viele Dinge, die man zum Leben braucht, nicht kaufen können.
   - c sie durchschnittlich weniger als 1,25 Dollar pro Tag zur Verfügung haben.

2. *(Text 1)* Menschen verarmen, weil
   - a sie nicht mehr am gesellschaftlichen Leben teilnehmen.
   - b sie eine schlechte Schul- und Berufsausbildung haben.
   - c sie keine oder nur eine schlecht bezahlte Arbeit haben.

3. *(Text 2)* Das Robert-Koch-Institut hat herausgefunden, dass
   - a berufstätige Frauen älter werden als berufstätige Männer.
   - b Rauchen die Lebenserwartung in allen Bevölkerungsschichten senkt.
   - c Stress auch entsteht, wenn die Arbeit im Beruf nicht anerkannt wird.

4. *(Text 3)* Wenn der Vater keine Berufsausbildung hat,
   - a haben die Kinder nur geringe Chancen, in einer Firma eine wichtige Rolle zu spielen.
   - b besuchen nur 24 Prozent eine Hochschule.
   - c haben die Kinder nur geringe Chancen, einen akademischen Abschluss zu erlangen.

5. *(Text 4)* Wissenschaftler der Universität Köln haben herausgefunden, dass
   - a in der Innenstadt mehr reiche als arme Familien wohnen.
   - b arme Familien oft zusammen in einem Stadtviertel wohnen.
   - c die Arbeitslosigkeit in großen Städten sehr hoch ist.

2 Ergänzen Sie in dem Text die fehlenden Wörter.

Text	fehlende Wortart	Lösung
Die Gesundheit eines Kindes hängt nicht nur von der medizinischen Versorgung ____ (0).	PRÄFIX	(0) ____
Notwendig ist auch die soziale und kulturelle Förderung, zum Beispiel ____ (1) einem Sportverein oder ____ (1) einer Band.		(1) ____
Solche Gruppen seien wichtig, ____ (2) sich Kinder gesund entwickeln.		(2) ____
Doch meistens ____ (3) das Geld für Mitgliedsbeiträge, Instrumente, die Sportausrüstung oder Fahrtkosten.		(3) ____
Mehr ____ (4) ein Drittel der Unterschichtkinder treibt keinen Sport außerhalb der Schule, bei den Kindern aus den reicheren Familien sind es ____ (5) ein Sechstel.		(4) ____ (5) ____
Aus diesem Grund sind Kinder aus reichen Familien durchschnittlich deutlich besser, wenn motorische Fähigkeiten getestet ____ (6), zum Beispiel Stehen auf ____ (7) Bein.		(6) ____ (7) ____

Subjunktion (SUB); Präfix von trennbaren Verben (PRÄFIX); Verb in Verbklammer rechts (VR); Verb in Verbklammer links (VL); Adverb (Adv.); Artikel (ART); Präposition (PRÄP)

6 Kurztexte »Gerecht?« Kb S. 68

Wortschatz

der Abschluss (abschließen, schloss ab, hat abgeschlossen)		die Herkunft	
		der Lärm	
		sich leisten	
alarmierend *(Adj.)*		der Lohn *pl. Löhne*	
anerkennen *(kannte an, hat anerkannt)*		es mangelt an	
		der Niedergang *niedergehen, ging nieder, ist niedergegangen*	
der Arbeitsmarkt			
befristen			
belegen		prekär *(Adj.)*	
benachteiligen		der Schadstoff	
der Bildungsstand		die Schicht	
Diskriminierung *(diskriminieren)*		der Sozialstatus	
		das Übergewicht	
das Einkommen		ungelernt *(Adj.)*	
erlernen		verarmen	
ernähren		verteilen	
Gehalt *pl. Gehälter*		wohlhabend *(Adj.)*	
		in Verbindung bringen mit	
gewährleisten			
gelten als		zur Verfügung stehen	

1 Schreiben Sie passende Wörter zu den Oberbegriffen. Ergänzen Sie eigene.

Ausbildung	Beruf	Geld

2 Ergänzen Sie Antonyme aus der Wortliste.

a) arm ⇔ _____

b) Aufstieg ⇔ _____

c) ausreichend vorhanden ⇔ _____

d) bevorzugen ⇔ _____

e) reich werden ⇔ _____

f) beruhigend ⇔ _____

g) ausgebildet ⇔ _____

3 Erklären Sie, welche Negationen die Wörter in sich tragen. Als Hilfen können Sie die Wörter unten verwenden. Ergänzen Sie jeweils »nicht«.

a) befristen _nicht ..._	d) es mangelt an _____
b) benachteiligen _____	e) Übergewicht _____
c) Lärm _____	f) Schadstoff _____

leise   fair behandeln   dünn   gesund   für immer   genug

Kurztexte »Gerecht?«

Kb S. 68

4 **Ergänzen Sie aus der Wortliste die fehlenden Wörter.** Bei einigen Sätzen sind Hilfen in Klammern angegeben. (1 Lücke = 1 Wort)

a) Heute werden sehr oft Arbeitsverträge abgeschlossen, die _____ sind, die also nur für einen bestimmten Zeitraum gelten. Wenn dann auch zusätzlich nur niedrige Löhne gezahlt werden, spricht man von einer _____ Beschäftigung.

b) Eine Familie mit zwei Kindern gilt als arm, wenn ihr _____ weniger als 1300 € im Monat beträgt. Davon kann man _____ zum Beispiel keinen Urlaub _____ *(nicht möglich).*

c) Auf dem _____ sind Jugendliche mit Migrationshintergrund, Behinderte und Frauen _____.

d) In den Großstädten _____ _____ _____ bezahlbaren Wohnungen. Luxuswohnungen hingegen sind in ausreichender Zahl vorhanden.

e) An den großen Straßen in der Stadt sind _____ und _____ durch Autoabgase eine Gefahr für die Gesundheit der Anwohner.

f) Der _____, den sie an einem Gymnasium im Iran gemacht hatte, wurde in Deutschland nicht _____.

5 **Lösen Sie das Kreuzworträtsel. Alle Wörter sind der Wortliste auf S. 48 entnommen**

Die Buchstaben in den grauen Kästen ergeben das Lösungswort. Hiervon hängt es ab, wie groß die Chancen auf dem Arbeitsmarkt sind, wie viel man verdient usw.

Waagerecht

5 laute, störende Geräusche
6 ein anderes Wort für »haben«: zur ____ stehen
8 jemandem nicht die gleichen Chancen wie anderen geben
10 regelmäßige monatliche Bezahlung der *Beamten und Angestellten*
12 eine Situation ist schwierig, problematisch und unsicher
13 wird von Autos und Fabriken erzeugt. Gesundheitsschädlich! *(Singular)*
14 nicht genug, zu wenig: es ____ an
15 (regelmäßige) Bezahlung der *Arbeiter*
16 Geld, was man (im Monat) bekommt, verdient

Senkrecht

1 reich; Vermögen besitzend
2 bestimmter sozialer, nationaler, kultureller Bereich, aus dem jemand herkommt / in dem jemand geboren ist
3 Ort, wo die Arbeitskraft von Menschen gekauft und verkauft wird
4 etwas zeitlich begrenzen; terminieren
7 wenn man keine Ausbildung für einen Beruf hat, ist man ____
9 arm werden
11 *hier:* genug Geld haben, um sich etwas kaufen zu können *(reflexiv = Dativ)*

6 Partizip-Attribute

Kb S. 71

Erweiterte Attribute beim Nomen. Im Deutschen können Nomen durch Attribute näher bestimmt und erklärt werden.

- ⇨ Die Attribute stehen **vor dem Nomen** (»Linksattribute«).
- ⇨ Linksattribute beim Nomen können aus **Adjektiven** und aus **Partizipien** gebildet werden.
- ⇨ Es können **mehrere Attribute** vor ein Nomen gestellt werden.
- ⇨ Die Attribute müssen **dekliniert** werden.

1 Schreiben Sie die Sätze mit Attributen wie im Beispiel.

Beispiel: Sie hat einen Beruf — interessant / gut bezahlt → Sie hat einen interessanten, gut bezahlten Beruf.

a) Er lebt in einer Wohnung — preisgünstig / liegt in der Innenstadt
→ _____

b) Die Ernährung ist ungesund — fett / aus vielen Kalorien bestehend
→ _____

c) Die Familie lebt in einem Haus — irakisch / laut / aus 6 Personen bestehend / wurde seit langer Zeit nicht renoviert
→ _____

2 Verwandeln Sie die Ausdrücke mit einem Partizip-Attribut in einen Relativsatz.

a) das weltweit erprobte Spiel → *das Spiel, das weltweit erprobt wurde*

b) das abgelehnte Angebot → _____

c) der mit einer Strafe rechnende Spieler → _____

d) das gerade noch akzeptierte Angebot → _____

e) eine von verschiedenen Forschern bezweifelte Methode → _____

3 Partizip-I- oder Partizip-II-Attribut? Streichen Sie jeweils 3 falsche Partizipen durch.

a) mein in Mainz studierter / studierende / studierender / studierte Bruder

b) die seit zwei Semestern einschreibende / eingeschriebene / eingeschriebenen / einschreibenden Studentin

c) kurz vor dem Examen gestandenen / stehenden / stehende / gestandener Studierende

d) die zweimal pro Woche besuchte / besuchende / besuchten / besuchenden Vorlesung

50

Partizip-Attribute

Kb S. 71

> **Umfrage: Was ist ungerecht?**
> Bei einer von der Zeitschrift »Stern« durchgeführten Umfrage zum Thema »Gerechtigkeit« beklagten die meisten die immer größer werdende Kluft zwischen Arm und Reich. Fast 80 Prozent der befragten Bürger empfinden die ständig steigenden Gehälter von Bankmanagern nicht gerecht, die im Gegensatz zu den gleichbleibenden oder sogar sinkenden Löhnen stünden.
> Für den Bereich der Gesundheit wird die von den Krankenkassen geforderte Praxisgebühr als ungerecht angesehen. Gespalten waren die Befragten beim Thema Rentenalter. Knapp die Hälfte sprachen sich gegen eine um zwei Jahre verlängerte Lebensarbeitszeit aus. Die andere Hälfte meinte, dass die höhere Lebenserwartung auch eine steigende Lebensarbeitszeit rechtfertige.

4 In dem Text sind 8 Attribute mit Partizipien enthalten.

⇨ Markieren Sie mit unterschiedlichen Farben: a) das Nomen und – falls vorhanden – das Artikelwort; b) das Attribut mit dem Partizip.

⇨ Verwandeln Sie anschließend das Attribut in einen Relativsatz.

1. _einer Umfrage, die von der Zeitschrift »Stern« durchgeführt wurde_
2. _____
3. _____
4. _____
5. _____
6. _____
7. _____
8. _____

5 Erweitern Sie die Sätze mit den Aussagen a) – d). Verwenden Sie bei allen Sätzen einen kausalen Nebensatz mit »weil«.

1. Sie wollen umziehen.	a) Sie leben an einer Straße. b) Sie Straße ist groß.	c) Die Straße ist laut. d) Die Straße ist stark befahren.

Sie wollen umziehen, weil sie an einer großen .....

2. Sie hat ihren Job gekündigt.	a) Der Job strengt an. b) Der Job ist verantwortungsvoll.	c) Der Job dauert 10 Stunden am Tag d) Der Job wurde schlecht bezahlt.

3. Er macht ein Angebot.	a) Das Angebot ist fair. b) Das Angebot berücksichtigt die Interessen des Mitspielers.	c) Angst: Mitspieler lehnt Angebot ab

6 Wiederholung

	Wiederholung		
Grammatik	Partizip-Attribute	Kb, S. 14
	Textbezüge	Kb, S. 63
	Fragen stellen	Kb, S. 14
Leseverstehen	Schlüsselwörter notieren	Kb, S. 50
Wortschatz		Üb, S. 48

W1 Schwerpunkt: Partizip-Attribute. Welche Wörter passen in die Lücke? Bitte ankreuzen.

Segregation – Trennung in den Städten

1 Das charakteristische Merkmal der Städte am Anfang des 21. Jahrhunderts ist
2 »Segregation«. Unter Segregation versteht man die räumliche Konzentration der
3 Bevölkerung mit bestimmten Merkmalen in bestimmten Teilen der Stadt: Jung
4 und Alt, Arm und Reich, Deutsche und Nichtdeutsche verteilen sich nicht über das
5 gesamte Stadtgebiet, sondern leben in voneinander ____ (1) Wohngebieten. Die
6 Stadtforschung unterscheidet zwischen
7 • ____ (2) Segregation – die räumliche Trennung von Arm und Reich,
8 • demografischer Segregation – die räumliche Trennung von Familienhaushal-
9   ten und anderen Haushaltsformen, zum Beispiel Single-Haushalten und einer
10 • ____ (3) Segregation – die räumliche Trennung von Einwanderern und
11   Einheimischen.
12 Segregation gibt es in ____ (4) und in ____ (5) Städten. Neu ist heute, dass
13 ihre drei Formen zusammenhängen. In den meisten Städten sind die kinderarmen
14 Stadtteile zugleich die wohlhabenden Viertel, die kinderreichen dagegen die Wohn-
15 gebiete der Armen und der Ausländer. Die meisten Ausländer in den Städten leben
16 heute in den Stadtteilen, in ____ (6) auch die meisten armen Inländer leben, und
17 dort wohnen heute auch die meisten Familien und Kinder.
18 Segregation ____ (7) in erster Linie durch den Wohnungsmarkt bewirkt. Weil
19 Wohnungen auf dem Markt ____ (8) Waren sind, ist eine Segregation der
20 Bevölkerung unvermeidbar und wird auch in Zukunft Bestandteil der Stadt-
21 entwicklung sein. ____ (9) hohe Mieten in attraktiven Stadtteilen sorgen ____
22 (10), dass die Reichen unter sich bleiben.
23 Hinzu kommen individuelle Wohnpräferenzen: Menschen wohnen bevorzugt in
24 der Nachbarschaft von Menschen mit ähnlichen Interessen, Lebensstilen und in
25 ähnlichen Lebensphasen.
26 Die Bewertung der Segregation in den Städten ist umstritten. Während die einen
27 eine große soziale und politische Gefahr darin sehen, meinen die anderen, dass
28 Segregation auch Vorteile habe.

1. a) ☐ getrennten
   b) ☐ trennenden
2. a) ☐ ethnischer
   b) ☐ kultureller
   c) ☐ sozialer
3. a) ☐ ethnischer
   b) ☐ globaler
   c) ☐ scheinbarer
4. a) ☐ gewachsenen
   b) ☐ wachsenden
5. a) ☐ geschrumpften
   b) ☐ schrumpfenden
6. a) ☐ dessen
   b) ☐ deren
   c) ☐ denen
7. a) ☐ hat
   b) ☐ wird
   c) ☐ würde
8. a) ☐ handelnde
   b) ☐ gehandelte
9. a) ☐ Wenn
   b) ☐ Weil
   c) ☐ Denn
10. a) ☐ für
    b) ☐ dafür
    c) ☐ damit

W2 Wer wohnt wo, und welche Form der Segregation trifft für folgende Fälle zu? Kreuzen Sie an und geben Sie den »Segregationstyp« in der rechten Spalte an. *Es sind mehrere Typen möglich.*

S = soziale Segregation   D = demografische Segregation   E = ethnische Segregation

		reiches Viertel	armes Viertel	Segrega-tionstyp
Fall 1	F. ist alleinerziehend und arbeitet als Sekretärin halbtags. Morgens hat sie zusätzlich noch einen Putzjob.			
	R. hat ein Kind und übt ihren Beruf nicht mehr aus. Ihr Mann ist Studiendirektor eines Gymnasiums.			
Fall 2	M. kommt aus Pakistan und ist Manager eine Softwarefirma. Seine Frau ist zu Hause. Sie haben sechs Kinder.			
	S. lebt mit ihrer Mutter zusammen. Nach der Pleite einer großen Drogeriekette ist sie arbeitslos.			

Wiederholung

		reiches Viertel	armes Viertel	Segregationstyp
Fall 3	L. hat sich von ihrem Mann getrennt und lebt allein. Sie arbeitet halbtags.			
	A. ist Flugkapitän bei der Lufthansa. Aufgrund seines Jobs zieht er es vor, allein zu leben.			
Fall 4	B. kommt aus der Türkei. Er arbeitet bei seinem Schwager in einem Schnellimbiss.			
	W. und H. haben vier Kinder. Beide sind berufstätig.			

W3 Bestimmen Sie die Wörter, Satzteile oder Sätze, auf die sich die Bezugswörter beziehen.

a) Z. 17: ... und **dort** wohnen heute auch ... →

b) Z. 21: ...sorgen **dafür**, ... →

c) Z. 27: ... eine große soziale und politische Gefahr **darin** sehen ... →

W4 Stellen Sie Fragen nach den unterstrichenen Satzteilen.

Beispiel   Das charakteristische Merkmal der Städte am Anfang des 21. Jahrhunderts ist »Segregation«.
→ Was ist das charakteristische Merkmal der Städte am Anfang des 21. Jahrhunderts?

a) Unter Segregation versteht man **die räumliche Konzentration der Bevölkerung mit bestimmten Merkmalen in bestimmten Teilen der Stadt**. →

b) Segregation wird **durch den Wohnungsmarkt** bewirkt. →

c) Denn hohe Mieten in attraktiven Stadtteilen sorgen dafür, dass **die Reichen unter sich bleiben**. →

d) Menschen wohnen bevorzugt **in der Nachbarschaft von Menschen mit ähnlichen Interessen**. →

W5 Wortschatz. Schreiben Sie die passenden Wörter zu den Erklärungen.

a) laute, störende Geräusche

b) nicht genug, zu wenig *(Verb + Präposition)*

c) jemandem nicht die gleichen Chancen geben
   (Verb + Antonym)

d) Bezahlung der Angestellten und Beamten

e) nicht für immer / zeitlich begrenzt

f) so viel Geld haben, dass man etwas kaufen kann: Das kann ich

g) ein anderer Ausdruck für »haben«, der aus drei Wörtern besteht

7 Körpersprache von Männern und Frauen   Kb S. 77

Hörverstehen   TestDaF ☒   Goethe B2 ☐   DSH ☐

1 *Überprüfen Sie Ihr Hörverstehen.* **Welche Aussagen stimmen mit dem Text überein (F), welche nicht (F). Bitte ankreuzen.**

1	In den Gesichtern von Frauen kann man mehr Gefühle erkennen als in denen von Männern.	R F
2	Frauen halten sich mit ihrer Mimik mehr zurück als Männer.	R F
3	Bei der Gestik der Männer spielt auch Macht eine Rolle.	R F
4	Frauen setzen in der nonverbalen Kommunikation mehr das Gesicht als Hände und Arme ein.	R F
5	Im Original zeigt das Gemälde von Picasso Mann und Frau mit geradem Kopf.	R F
6	Frauen beurteilten die Kopie des Bildes von Picasso positiver als Männer.	R F
7	Wenn eine Frau den Kopf neigt, wird das überwiegend positiv beurteilt.	R F
8	Männer, die starren, blicken nur kurz auf eine Person.	R F
9	Männer können den Augenkontakt länger halten als Frauen.	R F

2 **Vergleiche: als & wie.** **Vergleichen Sie wie im Beispiel.**

Beispiele 1. oft lächeln ≠ → Frauen lächeln öfter als Männer.
2. laut die Nase putzen = → Männer putzen genau so laut die Nase wie Frauen.

a) Händedruck fest ≠ → _____

b) lebhafter Gesichtsausdruck ≠ → _____

c) gucken verführerisch = → _____

d) reden viel ≠ → _____

e) sitzen breitbeinig ≠ → _____

f) pressen häufig die Lippen zusammen = → _____

3 **Vergleiche mit während.** **Vergleichen Sie wie im Beispiel.**

Beispiel   starren – lächeln geheimnisvoll → Während Frauen geheimnisvoll lächeln, starren Männer.

a) sich am Kinn kratzen beim Lügen – die Augen reiben → _____

b) Arme vor der Brust verschränken – Hände hinter dem Rücken falten → _____

c) Augenbrauen hochziehen – Augenbrauen anmalen → _____

d) die Fäuste ballen – giftige Blicke werfen → _____

Der Körper spricht

Kb S. 78

Leseverstehen TestDaF ☐   Goethe B2 ☒   DSH ☐

1 *Überprüfen Sie das Leseverstehen.* **Welche Antwort bzw. Fortsetzung des Satzes a), b) oder c) passt? Bitte ankreuzen.**

1. »Die Zunge nicht im Zaum halten« bedeutet:
   - a Man beurteilt jemanden, ohne es zu wollen.
   - b Man sagt etwas, was nicht wahr ist.
   - c Man sagt etwas, was man nicht sagen wollte.

2. Die Körpersprache ist ehrlicher als die verbale Sprache, weil
   - a sie eindeutiger ist.
   - b Mimik und Gestik mehr mitteilen als Worte.
   - c man oft gar nicht merkt, was die eigene Gestik und Mimik mitteilen.

3. Welche Auffassung vertreten die meisten Forscher?
   - a Verbale und nonverbale Kommunikationen dienen unterschiedlichen Zielen.
   - b Die nonverbale Kommunikation ist wichtiger als die verbale.
   - c Die nonverbale Kommunikation kann die mündliche nicht ersetzen.

4. Was haben verschränkte Arme und das Zucken eines Augenlids gemeinsam?
   - a Der Gesprächspartner kann die Stimmung des anderen erkennen.
   - b Man kann sie nur richtig interpretieren, wenn man die Situation berücksichtigt.
   - c Sie können bei jedem Menschen etwas anderes bedeuten.

5. Manche Gesten
   - a werden von Frauen und Männern völlig unterschiedlich interpretiert.
   - b werden in manchen Kulturen gar nicht verstanden.
   - c sind selbst von Angehörigen der gleichen Kultur schwer zu verstehen.

2 **Stichwörter notieren.** *Notieren Sie zu dem Textabschnitt die Schlüsselwörter. Notieren Sie nur so viele Wörter, wie in in der Spalte »Sw« angegeben sind. (7) → sieben Schlüsselwörter.*

Als Wort zählen nicht: 1. Abkürzungen des Genitivs: Sprache **d.** Körpers = 2 Wörter
2. Abkürzungen für Präpositionen: **v.** = von; **i.** = in usw.
3. spezielle Zeichen, zum Beispiel für Prozent **(%)** und **(&)**, Euro **(€)** usw.

SW	Text	Schlüsselwörter
7	Wissenschaftler haben herausgefunden, dass eine Botschaft zu sieben Prozent verbal ist (das betrifft die Worte), zu 38 Prozent vokal (das betrifft die Stimmlage und stimmliche Äußerungen ohne Worte) und zu 55 Prozent nonverbal (das betrifft die Körpersprache).	
7	Man schätzt, dass ein durchschnittlicher Mensch am Tag nur insgesamt zehn Minuten lang in Worten spricht und dass ein durchschnittlicher Satz nur ungefähr 2,5 Sekunden dauert.	
8	Die Forscher sind der Meinung, dass sprachliche Äußerungen vor allem für den Austausch von Informationen benutzt werden, während die Körpersprache die sozialen Beziehungen regelt und gelegentlich auch als Ersatz für mündliche Mitteilungen dient.	

7 Körpersprache   Kb S. 75 – 78

Wortschatz (S. 75 – 78)

die Antipathie		offensiv *(Adj.)*	
anweisen		das Selbstbewusstsein	
defensiv *(Adj.)*		die Skepsis	
das Desinteresse		der Stellenwert	
die Distanz		subtil *(Adj.)*	
durchschauen		überlegen	
eindeutig *(Adj.)*		unbedacht *(Adj.)*	
entspannt *(Adj.)*		unbehaglich *(Adj.)*	
erteilen		untergeben *(Adj.)*	
extrovertiert *(Adj.)*		verlegen *(Adj.)*	
feindselig *(Adj.)*		verschlossen *(Adj.)*	
introvertiert *(Adj.)*		(sich) zurückhalten	
mehrdeutig *(Adj.)*		zustimmen	
nervös *(Adj.)*		der Zweifel	

1 Ergänzen Sie Antonyme aus der Wortliste.

a) introvertiert ⇔ _____

b) angespannt ⇔ _____

c) Nähe ⇔ _____

d) ablehnen ⇔ _____

e) behaglich ⇔ _____

f) Zustimmung ⇔ _____

g) mit Absicht ⇔ _____

h) mehrdeutig ⇔ _____

i) Sympathie ⇔ _____

j) freundschaftlich ⇔ _____

k) unterlegen ⇔ _____

l) offensiv ⇔ _____

m) direkt, offen ⇔ _____

n) leicht erkennbar ⇔ _____

o) dominant ⇔ _____

p) Zuversicht ⇔ _____

2 Welche Wörter passen nicht in die Liste? Warum nicht? *Streichen Sie diese Wörter durch und begründen Sie Ihre Auswahl. Falls Sie oben auf der Seite eine Übersetzung hinter die deutschen Wörter geschrieben haben, decken Sie bitte die Worttabelle ab.*

Liste 1	unbehaglich, unsicher, unwohl, unbewusst, nervös, verlegen
	_____ *passt / passen nicht, weil* _____

Liste 2	Skepsis, Desinteresse, Zweifel, Antipathie, Stellenwert, durchschauen, Distanz, feindselig
	_____ *passt / passen nicht, weil* _____

3 Welche Wörter aus der Liste passen? *Es sind mehrere Wörter möglich.*

a) Die Klimaerwärmung wird in den nächsten 10 Jahren gestoppt. _____

b) Dieses Buch interessiert mich überhaupt nicht. _____

c) »Ich finde, man weiß nie, was sie denkt oder fühlt."« _____

d) Nun hat X schon das fünfte Mal im Tennis gegen Y gewonnen. _____

Körpersprache

Kb S. 75 – 78

e) Die Antwort: »Ja, vielleicht« ist nicht ... _____

f) »X? Den mag ich überhaupt nicht!« _____

4 Lösen Sie das Kreuzworträtsel. Alle Wörter stammen aus der Wortliste auf S. 56.
Die Buchstaben in den grauen Kästen ergeben eine sehr verbreitete Geste.

Waagerecht

1 die Wahrheit erkennen: eine Lüge, den Charakter von jemandem ___

3 geben; *einen Rat __, einen Befehl __, die Erlaubnis ___, Unterricht ___*

5 frei von psychischen Belastungen; ruhig; nicht nervös

8 von Hass, starker Abneigung erfüllt

10 jemand, dessen Gefühle, Gedanken und Meinungen man nicht kennt: er ist ___

12 ängstlich, unsicher in einer peinlichen Situation: man weiß nicht, wie man sich verhalten soll

13 völlig klar, es gibt keine andere Möglichkeit, es gibt keinen Zweifel

Senkrecht

2 überzeugt von seinen eigenen Fähigkeit: das ___ (Nomen)

4 das Gefühl, dass etwas nicht wahr oder richtig ist

6 nichtdeutsches Wort für *Abneigung* (man mag jemanden nicht)

7 nicht klar; es gibt mehrere Möglichkeiten, etwas zu interpretieren

9 man ist (oder man glaubt, man sei) besser als andere, man habe größere Fähigkeiten als andere

11 kritische Zweifel, Misstrauen

1	2	3	4		5	6	7	8	9	10	11	12

7 Gesten haben eine Grammatik

Kb S. 80

Leseverstehen   TestDaF ☐   Goethe B2 ☐   DSH ☒

1 Beantworten Sie folgende Fragen zum Text in ganzen Sätzen.

a) Was mussten die Versuchspersonen tun? _____

b) Welche Unterschiede gab es bei den türkischen Versuchsteilnehmern in der Wortfolge zwischen dem geschriebenen Satz und der Gestik? Schreiben Sie einen Satz mit »während«. → Während _____

c) Welche Schlussfolgerungen ziehen die Forscher aus ihren Untersuchungen? _____

2 Bestimmen Sie die Wörter, Satzteile oder Sätze, auf die sich die Bezugswörter beziehen.

a) Z. 12: wie **sie** für ihre jeweilige Sprache charakteristisch war. → _____

b) Z. 22: Ein Indiz **dafür** ist auch, ... → _____

Grammatik: Partizip-Attribute / Zustandspassiv

3 In der Tabelle ist die einfache Handlung »Bär fängt Fisch« aus unterschiedlichen Perspektiven dargestellt und mit unterschiedlichen grammatischen Strukturen beschrieben. **Schreiben Sie die gleiche Tabelle mit den entsprechenden Sätzen und Satzteilen für die unteren Bilder.**

	Aus der Perspektive des Bären: AKTIV	Aus der Perspektive des Fisches: PASSIV
	Der Bär fängt Fische. der Fische fangende Bär der Bär, der Fische fängt	Der Fisch wird gefangen.
	Der Bär hat einen Fisch gefangen.	Der Fisch ist gefangen. der (vom Bären) gefangene Fisch der Fisch, der (vom Bären) gefangen ist

		Aus der Perspektive des Autos

7

Wer kein Deutsch kann, ist klar im Vorteil   Kb S. 83

Wortschatz »telefonieren«

abhören		die Rufnummer	
abnehmen		das Telefonat	
annehmen		das Telefongespräch	
der Anruf		telefonieren	
der Anrufbeantworter		verwählen	
anrufen		die Vorwahl	
melden		wählen	

1 **Welche Wörter passen nicht in die Liste. Warum nicht?** Streichen Sie diese Wörter durch und begründen Sie Ihre Auswahl. Falls Sie oben auf der Seite eine Übersetzung hinter die deutschen Wörter geschrieben haben, decken Sie bitte die Worttabelle ab.

Liste 1	Anrufbeantworter, Vorwahl, abhören, melden, Rufnummer, wählen, verwählen, Mailbox
	_____ passt / passen nicht, weil _____
Liste 2	Anruf, Telefonat, abhören, Telefongespräch, abnehmen, verwählen, melden, wählen, annehmen, telefonieren
	_____ passt / passen nicht, weil _____

Hörverstehen   TestDaF ☒   Goethe B2 ☐   DSH ☐

2 **Überprüfen Sie Ihr Hörverstehen.** **Schreiben Sie beim Hören die Antworten in Stichworten auf.**

1. Mit welchen Themen hat sich Frau König während ihres Studiums beschäftigt?	
2. Was erregt Aufmerksamkeit?	
3. Wie reagiert man, wenn sich etwas Bekanntes und Vorhersehbares ereignet?	
4. Was kann man normalerweise bei einem Dialog vorhersagen?	
5. Welche Folge hat es, wenn wir einen großen Teil der Aufmerksamkeit auf einen Halbalog richten?	
6. Welchen Vorteil hätten Ohrenstöpsel?	zwar _____ aber _____
7. Was können Ausländer besser, wenn jemand auf Deutsch telefoniert?	

7 Dinosaurier Telefon   Kb S. 84

Leseverstehen   TestDaF ☒   Goethe B2 ☐   DSH ☐

1 *Überprüfen Sie das Leseverstehen.* **Markieren Sie die richtige Antwort.**

1	Weltweit wird nicht mehr so viel telefoniert wie früher.	J N ?
2	Anrufbeantworter und Mailboxen ermöglichen eine ungleichzeitige Kommunikation.	J N ?
3	Früher wurde nur geschrieben, wenn es in Schule und Beruf verlangt wurde.	J N ?
4	Bei einem Telefongespräch lügt man öfter als in einer SMS oder E-Mail.	J N ?
5	Am Telefon ist man offener als in der schriftlichen Kommunikation.	J N ?
6	Es gibt bei E-Mails und SMS häufiger Missverständnisse als bei Telefongesprächen.	J N ?
7	Unangenehme Nachrichten werden lieber per E-Mail übermittelt.	J N ?

J = steht im Text   N = steht nicht im Text   ? = Text sagt dazu nichts

2 **Das Verb »hinterlassen«**
- ⇨ **Welche Bedeutung 1., 2. oder 3. hat das Verb »hinterlassen« in Z. 26?** Bitte ankreuzen.
- ⇨ **Ergänzen Sie das Verb »hinterlassen« in den folgenden Sätzen.** Achten Sie auf die Zeit. Ergänzen Sie auch die korrekten Endungen der Artikel und Attribute.

a) Das Unwetter, das sich gestern in Bayern ereignete, _____ große Schäden.

b) Die Niederlage hat ein_____ groß_____ Schock _____.

> hin-ter-las-sen; hinterlässt, hinterließ, hat hinterlassen;
> Vt **1.** etw. h. Spuren, Erinnerungen, Nachrichten o.Ä. produzieren, die noch da sind, wenn man wieder fort ist: *Der Dieb hat überall Fingerabdrücke hinterlassen. Der Kurs hat einen starken Eindruck hinterlassen.* **2.** jdm. etw. h. vererben, jdm. sein Haus h.
> **3.** jdn. h. sterben und jdn. zurücklassen: *Er hinterlässt eine Frau und drei Kinder.*

3 **Das Verb »überlassen«**
- ⇨ Schlagen Sie das Verb »überlassen« nach. **Welche Bedeutung hat es in Zeile 43?** Schreiben Sie die Bedeutung aus Ihrem einsprachigen Wörterbuch auf.

Bedeutung: _____

- ⇨ **Ergänzen Sie das Verb »überlassen« in den folgenden Sätzen.** Achten Sie auf die Zeit. Ergänzen Sie auch die korrekten Endungen der Artikel und Attribute sowie die Personalpronomen.

a) Er _____ ihr d_____ Schlüssel für die Wohnung, als er in Urlaub fuhr.

b) Es bleibt _____ _____, an welcher Uni du studierst.

4 »allein« hat drei Hauptbedeutungen. **Welche passt in dem Satz in Zeile 24?**

| a) ☐ doch, aber | b) ☐ nur, ausschließlich | c) ☐ ohne andere Personen |

5 Wie heißen die Verben der Sätze? **Geben Sie den Infinitiv an.**

a) Z. 5: Das ist ... _____   c) Z. 28: Offensichtlich ... _____

b) Z. 11: Darüber ... _____   d) Z. 32: Dank ... _____

Kausalsätze

Kb S. 87

Schreiben

1 Erweitern Sie die Sätze um die Angaben a), b), c) und d). Achten Sie auf die korrekten Präpositionen und Endungen.

⇨ Die Pfeile geben Ihnen an, wo im Satz die Angaben stehen.
⇨ »**Grund**« bedeutet: Sie sollen einen **Kausalsatz** schreiben.
⇨ Bei Satz 3 und 4 müssen Sie **Partizip-Attribute** verwenden.

Beispiel

| Ich habe meinen Handyvertrag gekündigt. | a) Wann? – Gestern
b) Wie lange läuft der Vertrag schon? – Seit vier Jahren
c) Grund: Günstigeren Anbieter gefunden |

→ Ich habe *gestern* meinen **seit vier Jahren laufenden** Handyvertrag gekündigt, *weil ich einen günstigeren Anbieter gefunden habe.*

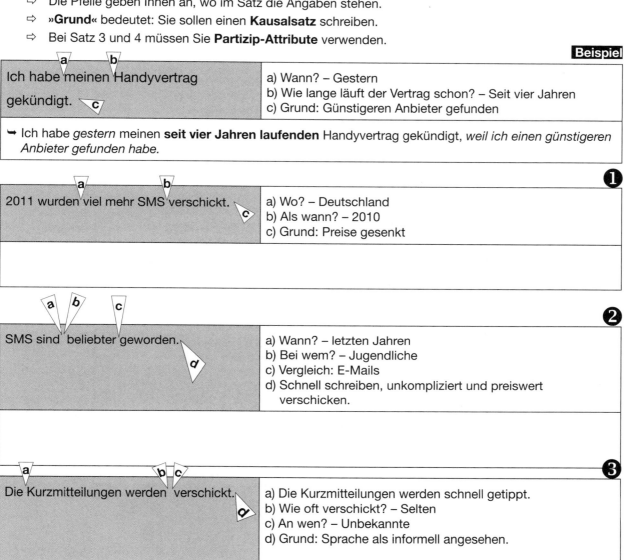

❶
| 2011 wurden viel mehr SMS verschickt. | a) Wo? – Deutschland
b) Als wann? – 2010
c) Grund: Preise gesenkt |

❷
| SMS sind beliebter geworden. | a) Wann? – letzten Jahren
b) Bei wem? – Jugendliche
c) Vergleich: E-Mails
d) Schnell schreiben, unkompliziert und preiswert verschicken. |

❸
| Die Kurzmitteilungen werden verschickt. | a) Die Kurzmitteilungen werden schnell getippt.
b) Wie oft verschickt? – Selten
c) An wen? – Unbekannte
d) Grund: Sprache als informell angesehen. |

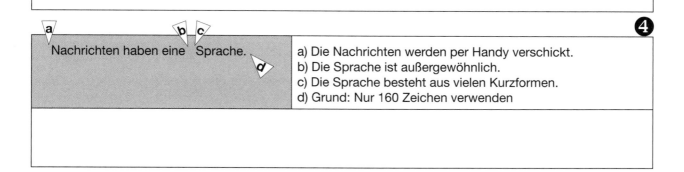

❹
| Nachrichten haben eine Sprache. | a) Die Nachrichten werden per Handy verschickt.
b) Die Sprache ist außergewöhnlich.
c) Die Sprache besteht aus vielen Kurzformen.
d) Grund: Nur 160 Zeichen verwenden |

7 Wiederholung

	Wiederholung	
Grammatik	Partizip-Attribute	Kb, S. 14
	Konditionalsätze	Kb, S. 14
Leseverstehen	Texte gliedern	
Wortschatz		Üb, S. 56

W1 Schwerpunkte: Konditionalsätze; Passiv / Aktiv; Partizip-Attribute. Welche Wörter passen in die Lücke? Bitte ankreuzen.

Gesten: Vorsicht, Fettnäpfchen!

1 Menschliche Gebärden sind nicht angeboren. Die Bedeutungen von Gesten
2 _____ (1) durch Situation, Ort und Zeit bestimmt. Sie sind kulturabhängig,
3 werden mit der Sprache gelernt und sind oft mehrdeutig.
4 Deutsche sind verwirrt, _____ (2) ein Bulgare ja sagt und dabei den Kopf nach
5 links und rechts wiegt. Mitten durch den Balkan geht die Grenze zwischen
6 dem _____ (3) Verneinen und dem Verneinen durch Kopf zurückwerfen.
7 _____ (4) etwas verneint werden, schnalzt man in Teilen Spaniens und Süditaliens
8 mit der Zunge. In Griechenland bedeutet auch das Anheben der Augenbrauen
9 nein. Ähnlich vielfältig sind die Formen der Bejahung. So wird beispielsweise in
10 Äthiopien der Kopf in einer Seitwärtsbewegung nach hinten gelegt.
11 Bei _____ (5) Gesten des Gebens und des Nehmens kann man leicht in Fett-
12 näpfchen treten. Araber oder moslemische Malaysier würden nichts nehmen,
13 das ihnen mit der linken Hand gegeben wird. Die linke Hand gehört, anders
14 als bei uns, nicht auf den Tisch, und man isst auch nicht mit _____ (6). Sie gilt
15 als unrein und wird zum Naseputzen oder zum Reinigen mit Wasser auf der
16 Toilette benutzt.
17 »Schau mich an, wenn ich mit dir rede«, heißt in Deutschland eine Verhaltens-
18 regel. _____ (7) man sie bei Indianern befolgen, verstieße man gegen die guten
19 Sitten. In die Augen sehen, _____ (8) in Deutschland als Interesse und Auf-
20 richtigkeit gilt, wird bei ihnen als Versuch interpretiert, dem Gesprächspartner
21 seinen Willen _____ (9). Sie schauen beim Reden überallhin, nur nicht auf den
22 Gesprächspartner. Beim Reden werden zwar Blicke gewechselt, aber man fixiert
23 den anderen nicht.
24 Die gleiche Gebärde kann nicht nur in verschiedenen Kulturen, sondern
25 auch innerhalb einer Kultur ganz unterschiedliche Bedeutungen haben.
26 _____ (10) Daumen und Zeigefinger zu einem Ring geformt und bleiben die
27 anderen Finger ausgestreckt, ist das eine Beleidigung. Es kann aber auch ein
28 Lob bedeuten. In der Autofahrersprache ist das Ringzeichen ganz eindeutig eine
29 Beleidigung, ähnlich der »Fuck you«-Geste mit gestrecktem Mittelfinger. Wenn
30 Lehrer aber die Ringgeste im Unterricht zeigen, bedeutet das die Anerkennung
31 einer besonderen Leistung. Türkische Lehrer hingegen ermahnen Schüler mit
32 der gleichen Geste zu Besonnenheit und Genauigkeit.

1. a) ☐ wird b) ☐ können c) ☐ werden
2. a) ☐ weil b) ☐ wenn c) ☐ nachdem
3. a) ☐ kopfschüttelnden b) ☐ kopfgeschüttelten
4. a) ☐ wenn b) ☐ während c) ☐ soll
5. a) ☐ des b) ☐ dem c) ☐ den
6. a) ☐ ihr b) ☐ der c) ☐ ihm
7. a) ☐ Hätte b) ☐ Würde c) ☐ Muss
8. a) ☐ was b) ☐ die c) ☐ welches
9. a) ☐ aufzwingen b) ☐ aufzuzwingen
10. a) ☐ Werden b) ☐ Wenn c) ☐ Weil

W2 Texte gliedern. Welche Überschriften passen zu welchen Textabschnitten. Geben Sie die Zeilen an (zum Beispiel 12 – 17). Zwei Überschriften passen nicht!

1. Interesse oder Unhöflichkeit? _____
2. Zustimmung oder Ablehnung? _____
3. Mit Händen oder mit Augen? _____
4. Natur oder Kultur? _____
5. Sympathie oder Ablehnung ? _____
6. Beleidigung, Lob oder Ermahnung? _____
7. Schenken oder beleidigen? _____

Wiederholung

W3 Wie beurteilen Sie folgende Situationen?

a) Ein Türke fährt in Deutschland mit dem Auto. Jemand überholt einen anderen Wagen auf der Gegenfahrbahn. Er schafft es gerade noch. Der Türke zeigt die Ringgeste. → *Er will damit sagen, dass* _____

b) Ein Linkshänder gibt einem Marokkaner die linke Hand zur Begrüßung. *Das ist ein grober Fehler, weil* _____

c) In Indianer spricht mit einem Deutschen. Der Indianer schaut während des Gesprächs nach oben, unten, hinten und vorn, aber selten in die Augen des Deutschen. *Der Deutsche glaubt,* _____

d) Ein Bulgare fragt einen Deutschen, ob er ein Feuerzeug habe. Der Deutsche schüttelt den Kopf und geht weiter. *Der Bulgare ist verwirrt, weil* _____

W4 Ergänzen Sie passende Konditionalsätze. In Klammern ist angegeben, welche Konditionalsätze Sie verwenden sollen.

Beispiel *(ohne wenn)* _Wiegt ein Bulgare den Kopf nach links und rechts_ , bedeutet das Zustimmung.

a) *(mit wenn)* _____ , möchte man etwas verneinen.

b) *(ohne wenn)* _____ bedeutet das in Griechenland »nein«.

c) *(irreal mit wenn)* _____ , wäre er nicht beleidigt gewesen.

d) *(irreal ohne wenn)* _____ , hätte er das Geschenk nicht angenommen.

W5 Wie heißen die Wörter?

a) Ich kenne deine Lügen. Ich weiß, welche Pläne du hast. _____	e) Es kann A oder B bedeuten. _____
b) Es gibt keinen Zweifel. Es ist nur eine Interpretation möglich. _____	f) A denkt, sie sei schöner, intelligenter und erfolgreicher als B. _____
c) Ich mochte ihn von Anfang an nicht. _____	g) Nicht nur seine Tür ist _____. Man weiß bei ihm auch nicht, was er denkt und fühlt.
d) Ich habe starke Zweifel, dass du dein Versprechen hältst. _____	h) Ich kann alles, ich weiß alles. _____

9 Vorsicht, Einkaufsfalle

Kb S. 91

Hörverstehen TestDaF ☒ Goethe B2 ☐ DSH ☐

1 *Überprüfen Sie Ihr Hörverstehen.* **Hören Sie den Text und beantworten Sie beim Hören die Fragen in Stichworten.**

1. Warum sind die Einkaufswagen groß?	
2. Warum wird der Eingangsbereich »Bremszone« genannt?	
3. Wo im Regal befinden sich a) die Zahnpasta und b) die Zahnbürsten?	a) _____ b) _____
4. Warum soll der Kunde im Supermarkt lange Wege gehen?	
5. Welche Wirkung haben frisch gebackene Brötchen auf den Kunden?	
6. Wohin kommen Produkte, an denen nicht so viel verdient wird?	
7. Was sollte man an der Kasse beachten?	

2 Jeder Supermarktbesitzer kennt zwei besondere Kunden: der eine, der **Traumkunde**, tappt in jede Falle, ist also immer willkommen. Der andere, der **Horrorkunde**, kennt alle Fallen und Tricks, steigert Umsatz und Gewinn also nur unwesentlich.
Entscheiden Sie aufgrund der Informationen des Hörtextes, welche Handlungen für welchen Kundentyp typisch sind.

Dieser Kunde ...	Horrorkunde	Traumkunde
1. ... bückt sich nie.		
2. ... hat einen Einkaufszettel und kauft, was draufsteht.		
3. ... nimmt statt des Einkaufswagens einen Korb.		
4. ... braucht für seinen Einkauf ca. 15 Minuten.		
5. ... liest an der Kasse Zeitung, wenn er in der Warteschlange steht.		
6. ... schaut sich immer gerne den hübschen Obst- und Gemüsestand an.		
7. ... geht Einkaufen, auch wenn er erkältet ist.		
8. ... setzt bei schönem Wetter auch im Supermarkt die Sonnenbrille nicht ab.		
9. ... braucht keinen Einkaufszettel; entscheidet immer spontan, was er essen will.		

Vorsicht, Einkaufsfalle

Kb S. 91

Grammatik: Finalsätze

3 Noch mehr Einkaufsfallen. Ordnen Sie den Einkaufsfallen 1. – 5. die Ziele a) – e) zu.

⇨ Schreiben Sie den passenden Buchstaben in das Kästchen.
⇨ Schreiben Sie dann Finalsätze auf. Wenn es möglich ist, mit »um ... zu«.

Falle	Ziel
1. permanent leise Musik im Supermarkt	a) Frische, Natürlichkeit und Gesundheit suggerieren
2. Bilder von glücklichen Kühen, fröhlichen Schweinen und grünen Wiesen auf Verpackungen	b) angenehme Kaufatmosphäre schaffen
3. Inhaltsstoffe in sehr kleine Schrift aufgelistet	c) Preiserhöhung verstecken
4. Inhaltsmenge des Produkts reduziert, aber Preis gleich geblieben	d) Kunde merkt nicht, wie viel Geld er ausgibt
5. nur noch bargeldlos zahlen	e) Kunde kann nicht lesen, was im Produkt enthalten ist

Beispiel Es wird permanent leise Musik im Supermarkt gespielt, um ...

4 Gestern habe ich mir ein / eine / einen ... gekauft, um ... zu / damit ... Schreiben Sie für jedes Bild zwei Finalsätze: a) einen mit »um ... zu«, b) einen mit »damit«.

a)

b)

9 Der berechenbare Kunde Kb S. 92

Leseverstehen   TestDaF ☐   Goethe B2 ☒   DSH ☐

1 *Überprüfen Sie das Leseverstehen.* **Welche Antwort a), b) oder c) passt? Bitte ankreuzen.**

1. »Buyologie« ist eine »Wissenschaft«, die
   - a sich mit den Kaufwünschen der Menschen beschäftigt.
   - b das Kaufverhalten manipulieren möchte.
   - c die Bedürfnisse der Menschen verändern möchte.

2. Lindström hilft seinen Kunden dabei,
   - a neue Produkte zu entwickeln.
   - b die nervlichen Grundlagen des Kaufverhaltens zu erforschen.
   - c Produkte besser zu verkaufen.

3. Hirnscanner wurden entwickelt, um
   - a Krankheiten zu erkennen.
   - b herauszufinden, wo Gefühle im Gehirn entstehen.
   - c das Kaufverhalten zu analysieren.

4. Neuromarketing geht davon aus, dass
   - a beim Kaufen Gefühle keine große Rolle spielen.
   - b die meisten Kunden nicht wissen, warum sie ein bestimmtes Produkt und nicht ein anderes kaufen.
   - c Kunden nur zwei Drittel ihrer Einkäufe planen.

Wortschatz

auslösen		ergründen	
aufspüren		erhältlich *(Adj)*	
sich befassen mit		mitbestimmen	
belehren		mithilfe *(Präp)*	
betrachten		Motiv, das	
einflussreich *(Adj)*		Neuron, das	
entschlüsseln		Umsatz, der	
entwerfen		unbewusst *(Adj)*	

2 Das Verb »**auslösen**« in der Bedeutung von »*bewirken*«, »*hervorrufen*«.
  ⇨ Welche Ergänzungen passen nicht zu »auslösen«? Streichen Sie die Wörter durch.
  ⇨ Ergänzen Sie den Lückentext mit a) der grammatisch korrekten Form von »auslösen« und b) mit passenden Ergänzungen.

> Reaktionen ..., Alarm ..., Erstaunen ..., Grundlagen ..., Empörung ..., Allergie ..., Neuronen ..., Methoden ..., Diskussion ..., Krieg ..., Emotionen ..., Kopfschütteln ..., Verlangen ...,

a) Das Bild __löst__ starke __Emotionen__ beim Betrachter __aus__.
b) Als der _____ _____ wurde, flüchteten die Menschen panisch ins Freie.
c) Sein Vorschlag _____ bei den anderen Kursteilnehmern _____. Niemand unterstützte ihn.
d) Die Beleidigung der Frau _____ bei ihren Arbeitskolleginnen _____.
e) Ihr Redebeitrag hat lebhafte _____ _____.
f) Mit dem Sturz der Taliban _____ die USA einen langjährigen _____ in Afghanistan _____.

66

Der berechenbare Kunde

Kb S. 92

3 Die Berufe und Berufsbezeichnungen in den grauen Kästen kommen im Text vor. Ergänzen Sie die Sätze, die die Berufe umschreiben, mit den passenden Ausdrücken.

a) Ich leite ein Unternehmer, ich bin der _____

b) Ich weiß, wie sich die Menschen untereinander verständigen, ich bin nämlich ein _____

c) Ich bin ein Wissenschaftler, der sich mit Wirtschaft beschäftigt, also ein _____

d) Ich beschäftige mich mit dem Aufbau und den Grundlagen des Nervensystems. Ich bin eine _____

e) Ich besitze eine Firma, man nennt mich einen _____

f) Ich plane, wie man ein Produkt am besten verkaufen kann. Ich bin ein sehr gefragter _____

g) Ich beschäftige mich mit dem menschlichen Gehirn. Ich bin eine _____

h) Ich habe zwar einen Beruf, aber wenn ich zum Beispiel in einem Supermarkt etwas kaufe, bin ich nur ein _____

i) Ich entscheide in einem Unternehmen. Ich bin eine _____

Wirtschaftsforscher/in
Marketingstratege/in
Kommunikationsexperte/in
Unternehmer/in
Neurobiologe/in
Firmenchef/in
Kunde/Kundin
Manager/in
Hirnforscher/in

4 Lösen Sie das Kreuzworträtsel. Alle Wörter sind der Wortliste auf S. 66 entnommen.

Die Buchstaben in den grauen Kästen ergeben ein Gerät, mit dem Neurobiologen gerne spielen.

Waagerecht

1 Nervenzelle

6 etw. Neues in den wesentlichen Punkten festlegen (Skizze →Bild, Gliederung →Text)

9 bewirken, dass etw. passiert

11 Das ist Geheimschrift. Aber ich kann den Text _____ .

13 man darf selbst (mit anderen zusammen) entscheiden

14 eine Präposition (mit Genitiv): mit Unterstützung

Senkrecht ...

2 wir wissen es nicht, aber wir tun es: Wir tun es _____

3 sich mit etw. beschäftigen (mit einem Thema)

4 etw. kann gekauft werden / ist lieferbar

5 man entdeckt etwas, weil man es intensiv gesucht hat

7 mächtig

8 jdn. (der etw. nicht weiß oder etw. Falsches denkt) über etw. aufklären

10 Gesamtwert von Waren, die (in einem bestimmten Zeitraum) verkauft worden sind

12 Grund für ein bestimmtes Handeln

| 1 | 2 | 3 | 4 | 5 | 6 | 7 | 8 | 9 | 10 | 11 |

67

Der berechenbare Kunde   Kb S. 92

Schreiben / Sprechen

Im Folgenden sind 8 Meinungen zum Thema »Neuromarketing« abgedruckt.

5 Lesen Sie die Meinungen.
- ⇨ Kreuzen Sie an, ob sie sich für (»pro«) oder gegen (»kontra«) Neuromarketing aussprechen.
- ⇨ Welcher Meinung sind Sie selber? Schreiben Sie Ihre eigene Meinung auf ein Blatt Papier.
- ⇨ Bilden Sie Gruppen. In jeder Gruppe sitzen (idealerweise) zwei Befürworter und zwei Gegner des Neuromarketing. Führen Sie eine Diskussion. Verwenden Sie die Sprechhilfen »Meinungen äußern«, Kapitel 4, Kursbuch, S. 46.

	Meinungen zu Neuromarketing	pro	kontra
1	Natürlich könnte man unsere Forschungen zur Manipulation von Menschen verwenden. Man kann sie aber auch dazu verwenden, über Manipulationen aufzuklären.		
2	Die Psychologie war einmal eine Theorie der Befreiung; in den Händen von Unternehmensberatern wird sie zu einem Instrument der Entmündigung und Manipulation.		
3	Wir helfen nur dabei, dass sich der Kunde seine geheimsten Wünsche, die er ja selber gar nicht kennt, erfüllt.		
4	Diese Wissenschaftler helfen doch dabei, den Menschen in einen willenlosen Kaufsklaven zu verwandeln. So, wie Wissenschaftler damals auch schon die Wasserstoffbombe entwickelt haben, weil ihnen die Wirkung der Atombombe noch nicht genug war.		
5	Unternehmen können das Neuromarketing nutzen, um für ihre Kunden passendere Produkte zu entwerfen. Davon würden Kunden und das Unternehmen profitieren.		
6	Wir Hirnforscher sind Wissenschaftler und wir haben die Aufgabe zu erforschen, wie etwas funktioniert. Was man mit unseren Erkenntnissen macht, ist nicht unsere Sache.		
7	75 Prozent aller neuen Produkte erweisen sich als Misserfolg. Allein in Deutschland kostet das 10 Milliarden Euro. Die Hirnforschung könnte den Firmen sehr viel Geld ersparen.		

Grammatik: Infinitivsätze S. 96

1 Warum sind folgende Sätze falsch? Schreiben Sie sie grammatisch richtig.

a) Lindström glaubt zu kennen die Kundenwünsche. *Korrektur:* _____

b) Lindström hofft, die Neurobiologie ihm weitere Erkenntnisse zu liefern. *Korrektur:* _____

c) Lindström glaubt, diese Frage zu können beantworten. *Korrektur:* _____

2 **Gehirnforschung: Hoffnung** *(Es wäre wünschenswert, ...)* **oder Angst** *(Es wäre furchtbar, ...)*
Entscheiden Sie sich und ergänzen Sie passende Infinitivsätze mit »zu«.

a) [Gedanken lesen können] → *Es wäre schön / furchtbar, Gedanken lesen zu können.*
b) [Gefühle abschalten, anschalten] → _____
c) [Entscheidungen manipulieren] → _____
d) [Erinnerungen löschen] → _____
e) [das »Ich« im Gehirn aufspüren] → _____

Präpositionen mit Genitiv

Präpositionen mit Genitiv (Auswahl)

1 Lesen Sie die Beispielsätze mit den Präpositionen. Entscheiden Sie, wie die Präpositionen verwendet werden. Die Möglichkeiten finden Sie unter der Tabelle im grauen Kasten.

Beispiel: angesichts → **kaus** (kausal)

Präposition	Beispielsatz	Art
angesichts	Angesichts der hohen Jugendarbeitslosigkeit wandern viele junge Menschen aus.	kaus
anhand	Anhand der DNA konnte er als Täter überführt werden.	
aufgrund	Aufgrund eines Virus ist der PC momentan nicht benutzbar.	
außerhalb	Außerhalb der Sprechzeiten können Sie mich auch telefonisch unter ... erreichen.	
binnen	Binnen dreier Monate muss sie die Wohnung verlassen.	
dank	Dank eines genialen Spickers bestand er die Prüfung.	
infolge	Infolge eines Feueralarms verließen sie das Haus.	
innerhalb	Zahlen Sie bitte die Rechnung innerhalb der nächsten 14 Tage.	
laut	Laut (der) Aussage eines Zeugen war der Angeklagte am Tatort.	
mangels	Mangels Interesse musste das Konzert abgesagt werden.	
mithilfe	Mithilfe eines schnellen Internetzugangs kann der Film heruntergeladen werden.	
statt	Statt einer E-Mail können Sie mir auch eine SMS schicken.	
trotz	Trotz seines freundlichen Lächelns ist er wütend.	
während	Während des Kurses können Sie den Kopierer benutzen.	
zugunsten	Das Geld spende ich zugunsten der Organisation »Ärzte ohne Grenzen«.	

lokal **(lok)**   temporal **(temp)**   kausal **(kaus)**   alternativ **(alt)**   modal **(mod)**   konzessiv **(kon)**

2 Ergänzen Sie die passende Präposition und die Ergänzung in der Klammer. Achten Sie auf den Kasus! In den Klammern stehen Nominative.

a) _Innerhalb des Supermarktes_ soll der Kunde langsamer gehen. *(der Supermarkt)*

b) _____ wird das Tempo des Kunden verlangsamt. *(die Stände im Eingangsbereich)*

c) _____ in den großen Supermärkten kaufe ich lieber in kleinen Läden. *(viele raffinierte Einkaufsfallen)*

d) _____ weiß man, wie Menschen auf Rabatte reagieren. *(mehrere neurowissenschaftliche Untersuchungen)*

e) _____ werden Sie mit angenehmer Musik und leckeren Düften verwöhnt. *(der Einkauf)*

f) _____ in den USA kaufen kleine Menschen mit großen Füßen mehr als große Menschen mit kleinen Füßen. *(die repräsentative Studie)*

g) _____ sank der Gewinn. *(der gestiegene Umsatz)*

Abenteuerspielplatz Kaufhaus

Kb S. 94

Wortschatz

abschrecken		die Scham	
anerkannt *(Adj)*		der Staatsanwalt	
sich auswirken auf		schützen	
der Diebstahl		stehlen	
feige		überblicken	
klauen *(ugs)*		überfordern	
die Norm		verinnerlichen	
obdachlos		vernehmen	
peinlich		versagen	
die Prävention		vorbeugen	
der Raub		der Vorwurf	
die Sanktion		widerstehen	

1 **Welche Wörter passen nicht in die Liste. Warum nicht?** Streichen Sie diese Wörter durch und begründen Sie Ihre Auswahl. Falls Sie oben auf der Seite eine Übersetzung hinter die deutschen Wörter geschrieben haben, decken Sie bitte die Worttabelle ab.

Liste 1	vorbeugen, feige, Vorwurf, Scham, Norm, anerkannt, peinlich, versagen

_____ passt / passen nicht, weil _____

Liste 2	Prävention, Staatsanwalt, auswirken, vernehmen, feige, Raub, Sanktion, abschrecken, vorbeugen

_____ passt / passen nicht, weil _____

2 **In den folgenden Wörtern sind negative Bewertungen oder Negationen enthalten. Ordnen Sie Wörter aus der Wortliste zu.**

a) ohne Wohnung _____ b) nicht mutig _____

c) keinen Erfolg haben _____ d) man schämt sich _____

e) zu viel verlangen _____ f) nehmen, was einem nicht gehört _____

3 **Ergänzen Sie die Sätze mit den Wörtern aus der linken und danach aus der rechten Spalte der Wortliste. Achten Sie auf den Kasus und die richtige Verbform!**

linke Spalte der Wortliste

a) Die Zahl der _____ hat in den letzten Jahren abgenommen.

b) Unter _____ versteht man, dass jemand mit Gewalt etwas stiehlt.

c) Es wird angenommen, dass die Strafe für eine Tat _____.

d) Aufgrund ihres großen Mutes war sie in der Gruppe _____.

e) Nachdem er die Miete längere Zeit nicht mehr bezahlt hatte, wurde er _____.

f) Es ist nicht nur für Jugendliche äußerst _____, bei einem _____ erwischt zu werden.

Abenteuerspielplatz Kaufhaus   Kb S. 94

rechte Spalte der Wortliste

a) Sicherheitssysteme in den Kaufhäusern _____ Diebstählen _____.

b) Auch Jurastudenten haben in ihrer Jugend _____.

c) Sie machte sich große _____, weil ihr Sohn in der Schule _____. Er hatte nur schlechte Noten im Zeugnis.

d) In diesem Alter können sie noch nicht die Folgen ihrer Handlungen _____.

4 Lösen Sie das Silbenrätsel.

for – prä – sa – neh – wi – cken – wir – über – schre – ver – beu – ken – ven – hen – ab – aus – der – men – ti – gen – vor – on – ste – dern – gen – ver

1. jemanden bei der Polizei oder vor einem Gericht befragen	
2. Maßnahmen, die dafür sorgen, das etwas nicht passiert (z.B. Krankheiten, Verbrechen)	
3. man verlangt zu viel von jemandem	
4. etwas tun, das jemanden dazu bringt, eine negative Handlung nicht auszuführen	
5. eine Folge, einen Effekt haben	
6. ein (deutsches Verb) zu dem nichtdeutschen Nomen bei 2.	
7. bei etwas keinen Erfolg haben; scheitern	
8. sich gegen etwas erfolgreich wehren	

Leseverstehen

5 Bestimmen Sie die Wörter, Satzteile oder Sätze, auf die sich die Bezugswörter beziehen.
Kürzen Sie bei langen Satzteilen oder ganzen Sätzen ab (siehe Beispiel).

Beispiel   Z. 17: Aber **das** ist Vergangenheit. → Mitte der 1990er ... – überfordert waren.

a) Z. 22: **Das** hat kulturelle Gründe. → _____

b) Z. 24: Allerdings sind **sie** führend bei Raub. → _____

c) Z. 30: **Das** ändert sich dann im Erwachsenenleben. → _____

d) Z. 51: ..., dass **sie** einen kleinen Kriminellen ... → _____

e) Z. 55: ..., in **der**¹ **sie**² sich vorübergehend ... → 1) _____ ; 2) _____

f) Z. 62: ..., dass auch **in dieser Gruppe** ... → _____

Kurztexte

Kb S. 97

Leseverstehen (Kontrollaufgaben)

Lösen Sie in den Gruppen zusammen folgende Aufgaben zu den vier Texten.

1 Ein Verkäufer zeigt Ihnen drei Kühlschränke.

☐ A kostet 340,- €; ☐ B kostet 599,- €; ☐ C kostet 899,- €.

Welchen Kühlschrank will der Verkäufer Ihnen verkaufen? *Bitte ankreuzen.*

2 Was trifft zu? *Kreuzen Sie an.*

☐ a) Wer hungrig ist, achtet nicht so sehr auf den Preis.

☐ b) Wer hungrig ist, achtet nicht so sehr auf gesunde Ernährung.

☐ c) Wer hungrig ist, kauft mehr ein.

3 Warum konnte der Händler die Brotbackmaschine für 275 Dollar verkaufen?
Ergänzen Sie den weil-Satz.

Weil _____

_____

4 B hat im Weitsprung die Silbermedaille, C die Bronzemedaille gewonnen.

B ärgert sich, weil _____

C freut sich, weil _____

5 Mit welchem Trick kann man in einem Restaurant teure Hauptspeisen verkaufen?

_____

_____

6 Wovon wird man beim Ankereffekt beeinflusst?

☐ a) von hohen Preisen;

☐ b) von niedrigen Preisen;

☐ c) von Zahlen.

7 Die Texte sind mit dem Adjektiv »*zweifelhaft*« überschrieben: zweifelhafte Menge, zweifelhafte Qualität usw. Welche Bedeutung hat »*zweifelhaft*« (z.) hier?

1. ☐ nicht sicher, noch nicht entschieden: *Es ist z., ob er heute noch kommt;*

2. ☐ nicht gut und möglicherweise nicht richtig: *Das ist eine z. Entscheidung;*

3. ☐ vermutlich nicht ganz legal, moralisch nicht in Ordnung, fragwürdig, dubios: *ein z. Vertrag;*

4. ☐ nicht echt, nicht passend: *ein z. Kompliment, ein z. Vergnügen.*

Infinitivsätze

Kb S. 96

Schreiben

1 **Erweitern Sie die Sätze mit den Angaben a), b) c) und d).** Schreiben Sie bei »⇒« einen normalen Infinitivsatz *(Beispiel 1)* und bei »**Ziel:**« einen **Finalsatz mit *um ... zu* oder *damit*** (Beispiel 2). Achten Sie auf **Wortstellung** und **Kasus**. Die **Pfeile** zeigen Ihnen, wohin die Angaben in den Satz eingefügt werden müssen.

Beispiel 1

a) Was? / b) Wo?

Wenn man vergleicht: sinnvoll ⇒ Produktnummer aufschreiben | a) Preise; b) im Internet

↳ Wenn man Preise im Internet vergleicht, ist es *sinnvoll*, die Produktnummer *aufzuschreiben*.

Beispiel 2

a) Wobei? b) Wie sind ...?

Oft werden Produktbezeichnungen angegeben – **Ziel:** Preisvergleich erschweren | a) technische Geräten b) die Produktbezeichnungen sind ungenau und nicht vollständig

↳ Oft werden bei technischen Geräten ungenaue und nicht vollständige Produktbezeichnungen angegeben, *um* einen Preisvergleich *zu erschweren*.

1

a) Wie sind? / b) Wo verkauft? / c) Wo? / d) Wie sind? / e) Wo?

Die Textilien werden hergestellt. – **Ziel:** man muss Löhne nicht bezahlen | a) Die Textilien sind spottbillig. b) Die Textilien werden in deutschen Discountern verkauft. c) Die Textilien werden in Bangladesh hergestellt. d) die Löhne sind vergleichsweise hoch (!) e) die Löhne in Deutschland

↳

2

a) Wo arbeiten? / b) Wie sind? / c) Wie lange?

Die Frauen sind gezwungen ⇒ in Fabriken arbeiten | a) Die Frauen arbeiten in Bangladesch. b) Die Fabriken sind dreckig und stickig. c) Die Frauen arbeiten 16 Stunden am Tag.

↳

3

Wann? / Wie sind ...? / Woher?

LIDL und KIK versprachen: ⇒ Arbeitsbedingungen der Arbeiterinnen verbessern | a) im Jahre 2010 b) die Arbeitsbedingungen sind unwürdig c) die Arbeiterinnen stammen aus Bangladesh

↳

4

Kritiker werfen den Discountern vor: ⇒ haben Versprechen gebrochen, missachten weiterhin Rechte der Näherinnen – **Ziel:** Absatz in Deutschland steigern, Profit sichern

↳

9 Wiederholung

	Wiederholung	
Grammatik	Textbezüge	Kb, S.
	Relativsätze	Kb, S.
	Fragen stellen	Kb, S.
	Partizip-Attribute	Kb, S.
Leseverstehen	Schlüsselwörter notieren	Kb, S.

W1 Textbezüge. Text »Vorsicht, Schnäppchen«, S. 73.
Bestimmen Sie die Wörter, Satzteile oder Sätze, worauf sich die Bezugswörter beziehen. Kürzen Sie bei langen Satzteilen oder ganzen Sätzen ab.

a) Z. 3: ... wie es **ihnen** gefällt → _____

b) Z. 10: ..., **die** das Preisempfinden → _____

c) Z. 13: ... ist **das** vor allem die Überlegung → _____

d) Z. 17: **Das** war nie einfacher als heute. → _____

e) Z. 22: Nach 10 Minuten wird **es** ausgeschaltet. → _____

W2 *(Schwerpunkt: Relativsätze).* Welche Wörter passen in die Lücke? Bitte ankreuzen.

Mit den Augen des Kunden

1 ____ (1) das Kaufverhalten der Kunden zu analysieren, setzen Marktforscher
2 Hightech-Instrumente ein. Mit einer Eye-Tracking-Brille können sie zum Bei-
3 spiel die Blickbewegung des Kunden messen. Versuchspersonen, ____ (2) eine
4 Spezialbrille aufgesetzt* wird, gehen in einem Supermarkt ganz normal einkaufen.
5 In der Brille sind zwei kleine Kameras integriert, mit ____ (3) die Forscher die
6 Augen der Versuchsperson überwachen. Eine Kamera filmt die Bewegung des
7 Auges, die andere die Umgebung. Ein roter Kreis im Bild auf dem Kontrollmonitor
8 verrät den Forschern schließlich den exakten Blickpunkt des Kunden, ____ (4)
9 kontinuierlich aufgezeichnet* wird. Sie können so mit den Augen der Versuchs-
10 person sehen, wenn sie sich in den Gängen orientiert. Schaut sie sich im Regal die
11 Waren aus der Sichtzone an, nimmt sie die bekannten Marken aus der Reckzone?
12 Bevorzugt sie die preiswerten Alternativen in der Bückzone?
13 Das Eye-Tracking liefert wertvolle Informationen für das so genannte Regal-
14 Layout, ____ (5) nach festen Regeln der Verkaufspsychologie entworfen ist. 70
15 Prozent der Kaufentscheidungen sind spontan und fallen erst im Laden, sagen
16 die Forscher. Deshalb ist der Regalaufbau besonders wichtig für den Umsatz der
17 Märkte. Mit den Analysedaten der Eye-Tracking-Kameras ist es möglich, auch
18 für Regale eine Hitzekarte (*engl. heatmap*) zu erstellen. Rote Bereiche auf einer
19 solchen Karte markieren, ____ (6) die meisten Blicke haften bleiben. In diesen
20 Bereichen wird fast immer am meisten gekauft.

*aufsetzen + Dativ
*aufzeichnen + Akkusativ

1 a) ☐ Konnte
  b) ☐ Um
  c) ☐ Damit

2 a) ☐ die
  b) ☐ denen
  c) ☐ deren

3 a) ☐ dem
  b) ☐ die
  c) ☐ denen

4 a) ☐ der
  b) ☐ die
  c) ☐ den

5 a) ☐ das
  b) ☐ die
  c) ☐ der

6 a) ☐ wann
  b) ☐ was
  c) ☐ wo

W3 Ergänzen Sie die Schlüsselwörter für die Sätze in Z. 1 – 9. Setzen Sie nur so viele Schlüsselwörter ein, wie in Klammern angegeben.
(2) → zwei Schlüsselwörter.
Abkürzungen des Genitivs zählen nicht als Wort: Kaufverhalten d. Kunden = 2 Wörter

1. Kaufverhalten der Kunden (2): _Marktforscher Hightech-Instrumente_____

2. Eye-Tracking-Brille (2) _____

3. _____ (1) Spezialbrille Supermarkt einkaufen

Wiederholung

4. Brille (5) _____

5. Kamera 1: (2) _____

6. Kamera 2: (1) _____

7. roter Kreis auf Kontrollmonitor (2) _____

W4 Stellen Sie Fragen nach den unterstrichenen Satzteilen.

Beispiel Das Eye-Tracking liefert wertvolle Informationen **für das sogenannte Regal-Layout**.
→ *Wofür liefert das Eye-Tracking wertvolle Informationen?*

a) Das sogenannte Regal-Layout wird **nach festen Regeln der Verkaufspsychologie** entworfen. → _____

b) **70** Prozent der Kaufentscheidungen sind spontan. → _____

c) **Mit den Analysedaten der Kameras** ist es möglich, eine Hitzekarte für Regale zu erstellen. → _____

d) **70 Prozent der Kaufentscheidungen sind spontan.** Deshalb ist der Regalaufbau besonders wichtig für den Umsatz der Märkte. → _____

W5 *Partizip-Attribute.* **Schreiben Sie Relativsätze und attributive Ausdrücke.** *Überlegen Sie bei den Partizip-II-Attributen, ob der Relativsatz im Vorgangspassiv oder im Zustandspassiv stehen muss.*

attributiv (mit Partizip-Attributen)	Relativsatz
das **analysierte** Kaufverhalten	das Kaufverhalten, das **analysiert wird**
die ganz normal in einem Supermarkt einkaufenden Versuchspersonen	
	die Augen, die von den Forschern überwacht werden
die in der Brille integrierten Kameras	
	die Kamera, die die Bewegung des Auges filmt
	das Regal-Layout, das nach Regeln der Verkaufspsychologie entworfen ist
die mit der Kamera erstelle Hitzekarte	
	rote Bereiche, die auf der Karte markiert sind

10 Das bittersüße Gefühl

Kb S. 100

A Wortschatz »Deutsche Romantik«

die Aufklärung		rational	
das Gefühl		die Romantik	
gespalten		die Seele	
irrational		die Sehnsucht	
die Klassik		subjektiv	
der Maler		die Unendlichkeit	
die Mystik		die Vernunft	
objektiv		der Zeichner	
die Ordnung		zerreißen	

1 Ordnen Sie die Wörter »Romantik« und »Klassik zu. Decken Sie dabei Ihre Übersetzungen ab.

Klassik	Romantik

Leseverstehen   TestDaF ☒   Goethe B2 ☐   DSH ☐

1 Überprüfen Sie das Leseverstehen. **Markieren Sie die richtige Antwort.**

1	Für die Untersuchung hat man Studierende aus den USA und Deutschland befragt.	J N ?
2	Für das ideale Leben gibt es ganz verschiedene Vorstellungen.	J N ?
3	Sehnsucht ist immer eine Kombination von Erreichbarem und Unerreichbarem.	J N ?
4	Jemand, der Sehnsucht hat, möchte nicht über sein bisheriges Leben nachdenken.	J N ?
5	Das Objekt der Sehnsucht ist meistens nur ein Symbol.	J N ?
6	Bei Problemen kann Sehnsucht helfen.	J N ?
7	Sehnsucht hat in verschiedenen Lebensphasen verschiedene Ziele.	J N ?
8	Ältere Menschen sehnen sich selten nach einem idealen Lebenspartner.	J N ?
9	Sehnsucht kann positive und negative Folgen haben.	J N ?

J = steht im Text   N = steht nicht im Text   ? = Text sagt dazu nichts

2 Bestimmen Sie die Wörter, Satzteile oder Sätze, worauf sich die Bezugswörter beziehen.

a) Z. 4: in **denen** mithilfe von Fragebögen → _____

b) Z. 8: Für den einen ist **dies** → _____

c) Z. 10: **Diesem Ideal** kann man sich zwar ... → _____

d) Z. 14: dass es sich **dabei** um etwas ... → _____

e) Z. 23: **Hierfür** ist es allerdings wichtig ... → _____

Das bittersüße Gefühl

Kb S. 100

B Wortschatz »Das bittersüße Gefühl«

ambivalent		tendieren zu	
annähern		unerreichbar	
die Autonomie		unzerstörbar	
sich widmen (+ Dat)		verloren gehen	
die Harmonie		vollkommen	
das Ideal		vorherrschen	

1 Ergänzen Sie Antonyme aus der Wortliste.

a) Streit ⇔ _____

b) eindeutig ⇔ _____

c) kann zerbrechen ⇔ _____

d) wiederfinden ⇔ _____

e) Abhängigkeit ⇔ _____

f) kann man schaffen ⇔ _____

2 Lösen Sie das Kreuzworträtsel. Alle Wörter sind den Wortlisten A und B entnommen. Die Buchstaben in den grauen Kästen ergeben **eine geschichtliche Epoche in Europa**.

Waagerecht

3 Fußball: Spanien – Italien. Schiedsrichter Trappatelli (Italien). Nicht ___
8 einerseits ja, andererseits nein
9 perfekt, ohne Fehler
11 Lass dich bei der Entscheidung nicht von deinen Gefühlen, sondern von der ___ leiten.
14 Psyche eines Menschen
15 näherkommen

Senkrecht

1 Was möchtest du studieren? Religion oder Physik? – Ich _____ zu Religion.
2 Unabhängigkeit

4

5 von persönlichen Gefühlen und Interessen bestimmt; nicht sachlich/objektiv
6 Ein Leben in _____ ist zwar schön, aber manchmal ist ein Streit auch ganz nett.
7 verlieren
10 etwas ist stärker verbreitet als etwas Ähnliches
12 sich mit etwas beschäftigen
13 hohes Ziel, das man gerne erreichen möchte

10 Heimweh

Kb S. 105

Hörverstehen TestDaF ☒ Goethe B2 ☐ DSH ☐

1 Überprüfen Sie Ihr Hörverstehen. **Hören Sie den Text und beantworten Sie beim Hören die Fragen in Stichworten.**

1. Welche körperlichen Probleme hatte **Sonja** am Anfang?	
2. Was war vermutlich der Grund für **Sonjas** Probleme?	
3. Was empfand **Lena** am Anfang als komisch?	
4. Was hat **Sonja** am meisten vermisst?	
5. Warum hat **Peter** nicht viel Zeit, um über seine Situation nachzudenken?	
6. Warum sollte man sich nach Meinung von **Sonja** mit Landsleuten treffen?	
7. Warum hält **Lena** das Treffen mit Landsleuten für gefährlich?	
8. Was hat dazu geführt, dass sich **Peter** im Ausland besser fühlt?	
9. Warum ist für **Lena** Heimweh ganz normal?	

Grammatik

2 <u>Kausalsätze, Konsekutivsätze.</u> So viele Gründe, warum Menschen Heimweh haben!

⇨ **Schreiben Sie Gründe auf.** Verwenden Sie die in Klammern angegebenen **Konnektoren**. **Achtung**, bei einigen Konnektoren müssen Sie zuerst den Grund und dann den Folgesatz schreiben! *(Siehe Beispiel b)*. Schreiben Sie **grammatisch vollständige Sätze** *(Verben: Zeit, Konjugation!)*

⇨ Markieren Sie die Gründe, die Sie nachvollziehen können. Vergleichen Sie im Kurs.

Ich hatte Heimweh ...

a) mit Mitbewohner meiner WG nicht verstehen **(da)** ⇒ _da ich mich mit den Mitbewohnern meiner WG nicht verstanden habe._

b) am Anfang keine Freunde finden **(deshalb)** ⇒ _Ich habe am Anfang keine Freunde gefunden. Deshalb hatte ich Heimweh._

1. das Bekannte und Gewohnte im Gastland vergeblich suchen **(nämlich)** ⇒ _____

2. die sprachliche Verständigung misslingen **(aus diesem Grund)** ⇒ _____

3. die kulturelle Sicherheit verlieren **(weil)** ⇒ _____

4. im Alltag orientierungslos **(denn)** ⇒ _____

5. viele peinliche Situationen erleben **(da)** ⇒ _____

Nominalisierungen

Kb S. 104

6. ständig Gastland mit meinem Heimatland vergleichen **(daher)** →

7. eigene Kultur idealisieren und Vorurteile gegenüber Gastland aufbauen **(also)** →

3 Nominalisierungen. Sie machen eine Umfrage zum **Thema »Kulturschock«**. Dazu erstellen Sie einen Fragebogen. Auf diesem Fragebogen soll man ankreuzen, welche Erfahrungen man gemacht hat. Oft werden solche Fragebogen in **nominaler Form**, also mit möglichst **kurzen** Einträgen, formuliert. **Nominalisieren Sie die Sätze 1. – 7. aus Aufgabe 2.**

Fragebogen

Welche Erfahrungen hast du am Anfang in Deutschland gemacht? Bitte ankreuzen. Du kannst natürlich auch mehrere Einträge ankreuzen.

1. ☐ Vergebliche Suche nach Bekanntem und Gewohntem im Gastland
2. ☐
3. ☐
4. ☐
5. ☐
6. ☐
7. ☐

4 **Falsche Strategien gegen Heimweh und Kulturschock.** Links neben dem Brief finden Sie in nominaler Form einige typische Fehler. **Verbalisieren** Sie sie für den Brief an Haruka. **Schreiben Sie den Brief zu Ende.** Verraten Sie Haruka auch einige **Tipps** gegen den Kulturschock und Heimweh.

tägliche Telefonate nach Hause	Liebe Haruka, Du hast mich in Deinem letzten Brief gefragt, welche Fehler ich am Anfang hier in Deutschland gemacht habe. Ich kann Dir aus meinen und aus den Erfahrungen von Bekannten sagen, dass es auf jeden Fall falsch ist, wenn man
Verabredungen nur mit Landsleuten	• täglich nach Hause telefoniert
14-stündiges Deutschlernen am Tag	•
strikte Ablehnung von Einladungen	•
Vermeiden von Kontakten zu Einheimischen	•
Einnahme von Schlaftabletten	Vielleicht kannst Du ja aus meinen Fehlern lernen. Zum Schluss möchte ich Dir noch ein paar Tipps geben: … Liebe Grüße aus der Ferne *Miyu*

10 Wiederholung

Grammatik	Wiederholung	
	Nominalisierungen	Kb, S.
	Finalsätze	Kb, S.
	Komposita	Kb, S.

W1 Lesen Sie den Text. Welche Wörter passen in die Lücke? Bitte ankreuzen.

Sehnsucht und Flucht

Reisen bildet. Bildung ist aber nur eines von vielen Motiven, die Menschen in die Ferne treiben. Was steckt hinter ____ (1) menschlichen Drang, sich pünktlich zu Ferienbeginn mit vielen anderen Mitreisenden auf dem Flughafen zu drängeln, ____ (2) schließlich an vollen Stränden nebeneinanderzuliegen?

5 Eine weit verbreitete tourismuskritische Erklärung für das Reisen bietet die so genannte Fluchtthese.

Dieser These zufolge sehen die Menschen den Alltag als ein System von Zwängen, in ____ (3) sie ihre wahren Wünsche nicht erfüllen können. Sie benötigten eine Erholung von den Belastungen des Alltags. Die zunehmende Technisierung und
10 Fremdbestimmung der Arbeit führe dazu, dass sie im Beruf keine Befriedigung finden. Die Monotonie des Tagesablaufs, die kalte Rationalität der Fabriken, Büros und Wohnhäuser, die Verarmung zwischenmenschlicher Beziehung, die Verdrängung von Gefühlen, der Verlust der Natur führen zu Stress, Erschöpfung, und Langeweile. ____ (4) einen Ausgleich für all das zu finden, ____ (5) im
15 Alltag vermisst wird, fahren die Menschen in den Urlaub. Sie wollen abschalten, Unabhängigkeit genießen, Kontakte knüpfen, zur Ruhe kommen, Natur erleben und die Batterie für den Alltag nach dem Urlaub wieder aufladen.

Die Fluchtthese ist wissenschaftlich umstritten. Es ____ (6) darauf hingewiesen, dass die Menschen, die es am wenigsten nötig hätten – also gesellschaftlich
20 privilegierte Gruppen – ____ (7) reisten und die höchsten Urlaubsausgaben hätten. Aber auch jene, die die Fluchtthese ____ (8) richtig halten, meinen, dass es noch andere Motive für das massenhafte Reisen geben müsse.

1. a) ☐ dem b) ☐ des c) ☐ den
2. a) ☐ danach b) ☐ wenn c) ☐ um
3. a) ☐ denen b) ☐ dessen c) ☐ dem
4. a) ☐ Weil b) ☐ Um c) ☐ Außerdem
5. a) ☐ das b) ☐ wer c) ☐ was
6. a) ☐ ist b) ☐ wird c) ☐ hat
7. a) ☐ am wenigsten b) ☐ am meisten c) ☐ sehr selten
8. a) ☐ für b) ☐ zu c) ☐ als

W2 **Nominalisierungen.** Wie sieht der Alltag der Menschen nach Auffassung der Fluchtthese aus? Ergänzen Sie die Tabelle.

nominal *(im Text)*	verbal *(→Umwandlung)*
Belastungen des Alltags	
	die Natur geht verloren

Wiederholung

W3 **Finalsätze.** Welche Ziele verbinden die Menschen mit dem Urlaub? Ergänzen Sie mit den Informationen des Textes. Schreiben Sie Finalsätze.

Die Menschen fahren in Urlaub,

1. um _____, 2. _____
3. _____ ; 4. _____
_____ ; 5. _____ ; 6. _____
_____ .

W4 **Komposita.** Ergänzen Sie bei den folgenden Umschreibungen der Komposita die Lücken.

a) Ferienbeginn → die _____ _____ .

b) tourismuskritische Erklärung → eine _____, die _____ am _____ übt

c) Fremdbestimmung der Arbeit → man bestimmt die _____ nicht _____

d) Tagesablauf → wie der _____ _____

e) Urlaubsausgaben → wie viel _____ man im _____ _____ .

W5 Giovanni schreibt an den Westdeutschen Rundfunk. In seinem Brief gibt es 12 Fehler. Finden und korrigieren Sie sie.

⇨ Fehler im Wort: Schreiben Sie die richtige Form an den Rand. (Beispiel 1)
⇨ Fehler in der Satzstellung: Schreiben Sie das falsch platzierte Wort an den Rand, zusammen mit dem Wort, mit dem es vorkommen soll. (Beispiel 2)
⇨ Bitte beachten Sie: Es gibt immer nur einen Fehler pro Zeile.

Sehr geehrten *(???!)* Damen und Herren,

ich habe gehört *(???!)* Ihre interessante Sendung zum Thema Heimweh. Mein Bruder ist gerade für einem halbes Jahr in Vietnam. Er hat mir öfter geschrieben. Es konnte merken, dass auch er hat Heimweh. Ich glaube, dass ihn die Sendung sehr interessieren wird, denn er von den gleichen Problemen betroffen ist. Könnte es möglich, dass ich die Sendung als MP3-Datei bekomme? Ich würde ihn meinem Bruder gerne zusenden. Selbstverständlich würde ich auch davon bezahlen. Bitte teilen Sie mich mit, ob das möglich ist und wie viel die Datei würde kosten.
Ich bedanke mich über Ihre Mühe.

Mit freundlichen Grüßen

Giovanni T.

(1) geehrte
(2) Heimweh gehört
(3) _____
(4) _____
(5) _____
(6) _____
(7) _____
(8) _____
(9) _____
(10) _____
(11) _____
(12) _____

11 Wem gehört die Welt?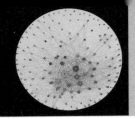

Kb S. 109

Leseverstehen   TestDaF ☒   Goethe B2 ☐   DSH ☐

1 *Überprüfen Sie das Leseverstehen.* **Markieren Sie die richtige Antwort.**

1	Unilever, IBM und Volkswagen sind in Japan, Europa und in den USA aktiv.	J N ?
2	Die Forscher haben ihre Informationen aus einer Datenbank der ETH Zürich.	J N ?
3	Auf der Welt gibt es 43 000 Firmen, die international aktiv sind.	J N ?
4	Es gibt 1318 Konzerne, die mit vielen anderen Firmen verbunden sind.	J N ?
5	1318 Unternehmen kontrollieren vier Fünftel des Umsatzes, der weltweit erzielt wird.	J N ?
6	147 Unternehmen sind miteinander verbunden.	J N ?
7	Die Forscher haben entdeckt, wie die 147 Unternehmen miteinander verbunden sind.	J N ?
8	Unternehmen, die mit Geld handeln, haben den größten Einfluss.	J N ?
9	Als 2008 eine Bank pleite ging, gingen auch viele der 147 Unternehmen pleite.	J N ?
10	In der Studie wird auch beschrieben, wie die Konzerne Einfluss auf die Politik nehmen.	J N ?

J = steht im Text   N = steht nicht im Text   ? = Text sagt dazu nichts

2 **Vervollständigen Sie die Gliederung des Textes.**

A	**Einleitung**	Unbehagen über zu viel wirtschaftliche Macht
B	**Hauptteil**	Forscher untersuchen Einfluss internationaler Konzerne
	1. Grundlage der Forschung	
	2. _____	
	3. _____	
	4. _____	
C	**Schluss**	_____

3 **Stellen Sie fest, wie der Autor des Textes folgende Fragen beurteilt:**
+ = positiv; – = negativ bzw. skeptisch. Bitte ankreuzen.

Goethe B2 ☒

Wie beurteilt der Autor des Textes

	+	–
a) die Untersuchung der Forscher der ETH Zürich?	+	–
b) die 147 Unternehmen?	+	–
c) die Macht, die die 147 Unternehmen haben?	+	–

4 **Geben Sie für Ihre Beurteilungen aus Aufgabe 3 jeweils mindestens 1 Textstelle an.**

a) Zeile _____

b) Zeile _____

c) Zeile _____

Wem gehört die Welt?

Kb S. 109

5 Notieren Sie zu dem Text »Wem gehört die Welt?«, Kursbuch S. 109, so viele Schlüsselwörter der Sätze, wie in Klammern angegeben.

Nun haben Forscher der Eidgenössischen Technischen Hochschule (ETH) Zürich erstmals nachgewiesen, welche der auf internationaler Ebene arbeitenden Konzerne die Weltwirtschaft dominieren. *(7)*	Forscher ETH Zürich: Welche Konzerne Weltwirtschaft dominieren
Das Ergebnis ist ebenso präzise wie erschreckend. *(2)*	
Demnach kontrollieren lediglich 147 Konzerne große Teile der Weltwirtschaft. *(4)*	
Besonders dominant sind der Untersuchung zufolge Unternehmen aus dem Finanzbereich, also Banken und Rentenfonds, aber auch die mit Banken oft verbundenen Versicherungen. *(5)*	
Als einflussreichstes Unternehmen der Welt stellte sich die britische Barclays Bank heraus. *(4)*	

Wortfeld »schuld«

In den folgenden Texten geht es oft um »**Schulden**«. Bitte unterscheiden Sie folgende Wörter und Ausdrücke aus dem Wortfeld »**schuld**«.

schuld sein an
Schuld haben an
jemandem die **Schuld geben** für
verschulden
⟩ »schuld« = verantwortlich sein, Ursache sein für (etwas Negatives)

schuldig sein
sich **schuldig fühlen** für
⟩ verantwortlich sein für eine Straftat

jdm. etw. **schulden**
Schulden *(immer Plural)* haben / machen
sich (!) **verschulden**
⟩ *(meistens)* Geld an jemanden zurückzahlen müssen

6 Schreiben Sie möglichst viele Kombinationen von A, B und C auf.

Beispiel   A1 – B4 – C1 → Ich bin nicht schuld an diesem Unfall.

A
1. Ich bin
2. Sie gibt ihm
3. Sonja hat
4. Ich habe mich
5. Bin ich
6. Er
7. Ich weiß, du gibst mir

B
1. die Schuld
2. hohe Schulden
3. bei der Bank
4. nicht schuld
5. schuldet
6. schuldig
7. schuld
8. keine Schuld

C
1. an diesem Unfall.
2. bei der Bank.
3. für die Trennung.
4. an deiner schlechten Laune.
5. ihr noch 100 EUR.
6. hoch verschuldet.
7. für deine Probleme.

11  Keine großen Sprünge   Kb S. 115

Hörverstehen 1. Teil   TestDaF ☒   Goethe B2 ☐   DSH ☐

1 Überprüfen Sie Ihr Hörverstehen. **Schreiben Sie während des Hörens die Antworten auf die Fragen in Stichworten auf.**

1. Welche verschiedenen Möglichkeiten haben Studierende, ihr Studium zu finanzieren?
2. Wann können Studierende Bafög erhalten?
3. Woher erhalten 65 Prozent der Studierenden Geld?
4. Welches Problem haben Studierende mit einem Studienkredit am Ende des Studiums?

Hörverstehen 2. Teil   TestDaF ☐   Goethe B2 ☒   DSH ☐

2 Welche Antwort a), b) oder c) passt? Bitte ankreuzen.

1. Was macht Jonas in den Semesterferien
   - a Er gibt Nachhilfe an einer Schule.
   - b Er gibt Nachhilfe und arbeitet am Fließband.
   - c Er macht eine langweilige Arbeit am Fließband.

2. Welche Folgen haben seine Nebenjobs?
   - a Seine Mutter braucht die Miete nicht mehr zu bezahlen.
   - b Er hat keine guten Noten in seinen Studienfächern.
   - c Er kann nicht mehr für sich selbst sorgen.

3. Warum erhält **Katja** kein Bafög?
   - a Sie möchte das nicht.
   - b Ihre Eltern können sie unterstützen.
   - c Ihre Eltern sind beide berufstätig und verdienen zu viel.

4. Wie finanziert **Katja** ihr Studium?
   - a Sie arbeitet als Model.
   - b Sie hat einen Kredit von 12 000 € aufgenommen.
   - c Sie erhält monatlich 160 € von ihren Eltern.

5. **Nora** erzählt nicht gern, wie viel Geld sie im Monat zur Verfügung hat, weil ...
   - a ... es viel ist.
   - b ... ihre drei Brüder das nicht erfahren sollen.
   - c ... sie ein schlechtes Gewissen hat.

6. Aus welchem Grund würde **Nora** lieber Geld vom Staat als von ihren Eltern erhalten?
   - a Sie möchte lieber unabhängig von ihren Eltern sein.
   - b Ihre drei Brüder wollen auch studieren.
   - c Sie müsste dann nicht Betriebswirtschaft studieren, sondern das, was sie möchte.

Selbst schuld?

Kb S. 116

Leseverstehen TestDaF ☒   Goethe B2 ☐   DSH ☐

Text 1 (S. 102)

1 Überprüfen Sie Ihr Leseverstehen. **Welche Bedeutung haben die unterstrichenen Wendungen im Text?**

1. Z. 6: Bis vor zwei Jahren schien all dies für Melanie **kein Thema zu sein**.	a) ☐ unbekannt zu sein b) ☐ ein Traum zu sein c) ☐ kein Problem zu sein
2. Z. 14: **Richtig Fuß fassen** konnte sie in München nicht.	a) ☐ In München zu Fuß gehen (wegen der weiten Entfernungen) b) ☐ München mögen, lieben c) ☐ sich in München eingewöhnen, integrieren
3. Z. 22: ... dass sie in ihrem Leben zumindest die **Finanzen im Griff habe**.	a) ☐ ihre Finanzen beherrsche b) ☐ ihre Finanzen verstehe c) ☐ ihre Finanzen egal seien

2 Bestimmen Sie die Wörter, Satzteile oder Sätze, worauf sich die Bezugswörter beziehen.
Kürzen Sie bei langen Satzteilen oder ganzen Sätzen ab

a) Z. 18: ... spielten **dabei** keine Rolle. → _____

b) Z. 32: ... **die** eigentlich keine waren. → _____

c) Z. 34: ... dass **sie** ihr Geld schicken würden? → _____

3 Formen Sie die unterstrichenen Satzteile so um, dass der Sinn der Originalsätze erhalten bleibt. Verwenden Sie die angegebenen Strukturen, zum Beispiel das Passiv bei »(Passiv)«.

a) Z. 25: Rechnungen <u>ignorierte sie</u> genauso wie ihre Kontoauszüge. → Rechnungen _____
_____ (Passiv)

b) Z. 36: Sie hatte 20 Euro in bar; unmöglich, <u>dass sie damit auskommen könnte</u>. → _____
_____ (Infinitivsatz)

c) Z. 37: <u>In ihr wuchs die Verzweiflung</u>, als sie merkte, wie absolut abhängig man von Geld ist. → Als sie merkte
_____
_____ (Satzumstellung: Den Nebensatz mit »als« an den Anfang des Satzes stellen)

d) Z. 40: <u>Ohne</u> Geld <u>kein</u> Miete, <u>kein</u> Strom, kein Telefon. → Wenn sie _____
_____ (Konditionalsatz)

11 Selbst Schuld?

Kb S. 117

Text 2 (S. 103)　　DSH

1 Welche <u>vier</u> der sechs Überschriften passen zu den Abschnitten des Textes?
Geben Sie die Zeilen an (z.B. Z. 1–12).

Zeilen

a) Bank hilft nicht　　_____

b) Geständnis und Hilfe　　_____

c) Melanie lässt sich beraten　　_____

d) Unerwartete Probleme　　_____

e) Angst vor den Eltern　　_____

f) Versuch, die Probleme zu ignorieren　　_____

2 Beantworten Sie folgende Fragen zum Text.

a) »Keine Geld mehr zu haben, den Überblick über die Finanzen verlieren« – Warum glaubte Melanie, dass sie niemals in eine solche Situation hätte geraten können?

b) Am Anfang wollte Melanie ihren Eltern nichts von ihren finanziellen Problemen erzählen. Warum tat sie es dennoch?

c) Welches Ergebnis hatte das Gespräch mit ihrem Vater?

3 Welche Bedeutung haben die (unterstrichenen) Wendungen im Text?

1. Z. 15: Doch die Realität **holte sie ein**.	a) ☐ war noch schlimmer b) ☐ war nicht so schlimm c) ☐ erreichte sie
2. Z. 38: Dafür sind Eltern schließlich da.	a) ☐ Das ist die Aufgabe der Eltern. b) ☐ Das kann man von Eltern nicht verlangen. c) ☐ Eltern können nicht alles für ihre Kinder tun.
3. Z. 41: Melanie fiel ein Stein vom Herzen.	a) ☐ Melanie war einverstanden. b) ☐ Melanie war enttäuscht. c) ☐ Melanie war erleichtert.
4. Z. 42: War sie noch einmal mit einem blauen Auge davongekommen?	a) ☐ Musste sie weiter Angst vor Schulden haben? b) ☐ Würde sie keinen größeren Schaden haben? c) ☐ Hatte das Gespräch ihr endlich die Augen geöffnet?

Selbst Schuld?

Kb S. 118

Text 3 (S. 104)

Goethe B2

1 *Überprüfen Sie das Leseverstehen.* **Welche Antwort a), b) oder c) passt?** *Bitte ankreuzen.*

1. Der Finanzplan
   - a) wurde von der Schuldnerberatung kontrolliert.
   - b) reduzierte die Ausgaben.
   - c) erhöhte die Einnahmen.

2. Melanie akzeptierte die Veränderungen in ihrem Leben, weil
   - a) es nicht für immer war.
   - b) sie keine andere Wahl hatte.
   - c) sie nicht so schlimm waren.

3. Welche Auswirkungen hattte der Finanzplan auf Melanies Alltag?
   - a) Sie kaufte weniger Lebensmittel ein.
   - b) Sie kochte nur noch selbst.
   - c) Sie trank nur noch selten Kaffee.

4. Melanie fiel plötzlich auf,
   - a) dass es mehr arme als reiche Menschen gibt.
   - b) dass sie selbst zu den armen Menschen gehörte.
   - c) wie groß der Unterschied zwischen Arm und Reich ist.

2 *Ergänzen Sie in dem Text die fehlenden Wörter. Schließen Sie bitte das Kursbuch. Kontrollieren Sie anschließend Ihre Lösungen.*

Text	Lösung
Hinter Melanie liegt eine harte Zeit, ____ (1) die sie gern verzichtet hätte.	(1) _____
____ (2) der Überbrückungshilfe durch ihre Eltern war Melanie zum nächstmöglichen Termin zur Schuldnerberatung gegangen.	(2) _____
Mit den Beratern arbeitete sie ____ (3) strikten Finanzplan aus.	(3) _____
Von nun an ____ (4) sich Melanie an einen strengen Haushaltsplan halten, ____ (5) wenig bis keine zusätzlichen Ausgaben berücksichtigte.	(4) _____ (5) _____
Gezielt und ohne sich ____ (6) beklagen, hielt sich Melanie an die Regeln.	(6) _____
Das Ziel, ____ (7) durchaus realistisch in nicht allzu weiter Ferne lag, ließ sie die Einschränkungen ertragen.	(7) _____
Dies fing damit an, ____ (8) sie in eine kleinere Wohnung umzog, die zwar nicht so schön war, ____ (9) weniger kostete.	(8) _____ (9) _____
Ihre häufigen Ausflüge in die Heimat mussten auch gestrichen ____ (10).	(10) _____
Das Geld für die Bahntickets wurde ____ (11) andere Zwecke ausgegeben.	(11) _____
Doch auch ____ (12) Alltag hatte sich Melanie erheblich einzuschränken.	(12) _____

11 Selbst Schuld?

Kb S. 119

Text 4 (S. 105)

TestDaF

1 Markieren Sie die richtige Antwort.

1	Oft ist man sich nicht bewusst, wie viel Geld man ausgibt.	J N ?
2	Melanie hatte nur noch wenige Freunde.	J N ?
3	In München hat fast jeder Achte Schulden.	J N ?
4	Menschen verschulden sich, weil etwas Schlimmes in ihrem Leben passiert ist.	J N ?
5	Es ist unverständlich, warum sich so viele Menschen verschulden.	J N ?

J = steht im Text   N = steht nicht im Text   ? = Text sagt dazu nichts

2 Bestimmen Sie die Wörter, Satzteile oder Sätze, worauf sich die Bezugswörter beziehen. Kürzen Sie bei langen Satzteilen oder ganzen Sätzen ab.

a) Z. 10: Die 30 Euro fürs Bahnticket kannst **du** dir doch ... ➝ _____

b) Z. 21: ...bei **denen** sich ihre finanzielle Lage. ➝ _____

c) Z. 30: Doch **sie** basiert auf einer Schuld, ➝ _____

3 Ergänzen Sie in dem Text die fehlenden Wörter. *Schließen Sie bitte das Kursbuch. Kontrollieren Sie anschließend Ihre Lösungen.*

Goethe

Text	Lösung
Melanie ____ (1) gemerkt, wie sich kleine Ausgaben häufen, wie viel Geld man beim Bäcker oder in Drogeriemärkten lässt, ohne es ____ (2) bemerken	(1) _____ (2) _____
Dabei geht es gar nicht ____ (3) Lebensgenuss.	(3) _____
Dass Geld ein Gut ist, ____ (4) das man nicht verzichten kann.	(4) _____
Bei Armut denkt man vorwiegend ____ (5) Obdachlose.	(5) _____
Dann gibt es die Gruppe von Menschen, bei ____ (6) sich ihre finanzielle Lage auf Grund von unerwarteten Ereignissen *so* verändert hat, ____ (7) sie damit nicht umgehen können.	(6) _____ (7) _____
Verschuldung ist immer ____ (8) Schuld verbunden. Doch sie basiert auf einer Schuld, die man nachvollziehen kann, sobald man sich mit ____ (9) Thematik auseinandersetzt.	(8) _____ (9) _____
Sich zu verschulden, das kann jeden von uns passieren – schneller, ____ (10) man sich vorstellen kann.	(10) _____

Konzessivsätze

4 Ergänzen Sie passende Fragewörter und Konjunktionen. Sie sind als Hilfen unten angegeben.

Melanie hat gelernt,	_____ ihre wirklichen Freunde sind.
	_____ die Dinge kosten.
	_____ viele Menschen obdachlos sind.
	_____ sie verzichten muss.
	_____ stark Geld das Leben bestimmt.
Sie fragt sich,	_____ das nicht jedem passieren kann.
	_____ sie wieder schuldenfrei ist.
	_____ sie ohne ihre Eltern gemacht hätte.
	_____ Gründe es für die Verschuldung gibt

wann · wie · wie viel · ob · welche · warum · wer · was · worauf

Grammatik: Konzessivsätze, Kb S. 121

5 Formulieren Sie Sätze mit Gegengründen wie im Beispiel. Verwenden Sie antonyme Adjektive, Verben oder andere Ausdrücke.

a) Er war *zufrieden*, weil er genug verdiente. → <u>Obwohl er genug verdiente, war er total **unzufrieden**</u>

b) Sie war unglücklich, weil sie ihre Rechnungen nicht bezahlen konnte. → _____

c) Er war unfreundlich, weil ich mich beschwerte. → _____

d) Sie spricht mit einem Akzent, weil sie aus Spanien kommt. → _____

6 Ergänzen Sie passende Konzessivsätze. Verwenden Sie die angegebenen Konnektoren.

a) Ich habe diesen Text jetzt dreimal gelesen, *dennoch* _____

b) Mein Traumland ist das hier nicht, *trotzdem* _____

c) Sie bekam den Job nicht, *obwohl* _____

d) Sie sagt zwar nicht immer die Wahrheit, *aber* _____

11 Wiederholung

	Wiederholung	
Grammatik	Nominalisierungen	Kb, S.
	Infinitivsätze	Kb, S.
	Komposita	Kb, S.
Leseverstehen	Selektives Lesen	Kb, S.

W1 **Nominalisierungen.** Schreiben Sie an den Rand, von welchen Verben oder Adjektiven die Nomen (1) – (11) gebildet sind.

In der Schuldenfalle

1 Arbeitslosigkeit ist die häufigste Ursache für die *Überschuldung* (1) von
2 Privatpersonen. Wie das Statistische Bundesamt am Donnerstag mit-
3 teilte, war der *Verlust* (2) des Jobs 2011 bei 28 Prozent der Betroffenen
4 der Grund dafür, dass sie in die Schuldenfalle rutschten. Wer einmal
5 überschuldet ist, muss seinen Lebensstil sehr beschränken: Bei 55
6 Prozent der Betroffenen lag das monatliche Nettoeinkommen unter 900
7 Euro. Experten rechnen mit einer *Zunahme* (3) der Überschuldung im
8 kommenden Jahr.
9 Auch das Leben stark verändernde *Ereignisse* (4) wie zum Bei-
10 spiel Trennung, *Scheidung* (5) sowie Tod des Partners (14 Prozent),
11 Erkrankung, Sucht oder Unfall (10 Prozent) führten nach *Angaben* (6)
12 der Statistiker zu kritischen finanziellen Situationen. Andere Verschul-
13 dungsursachen sind die gescheiterte *Finanzierung* (7) einer Immobilie
14 und die *Geburt* (8) eines Kindes.
15 Betroffene hatten 2008 im Durchschnitt rund 36 000 Euro Schulden,
16 davon entfielen 21 000 Euro oder 58 Prozent auf *Verbindlichkeiten* (9)
17 gegenüber Banken.
18 Die Angaben beruhten auf einer *Analyse* (10) der Daten von Schuldner-
19 beratungsstellen in Deutschland.
20 Überschuldet sein heißt, dass die Betroffenen nicht mehr in der Lage
21 sind, mit ihrem Einkommen oder Vermögen laufende Zahlungsver-
22 pflichtungen erfüllen.
23 Im Jahr 2008 lebten 44 Prozent aller von den Schuldnerberatungs-
24 stellen betreuten Personen allein, wobei sich mit 27 Prozent deutlich
25 mehr allein lebende Männer als allein lebende Frauen (17 Prozent) in
26 einer finanziellen Krisensituation befanden. Zum *Vergleich* (11): Allein
27 lebende Männer machen nur einen Anteil von 18 Prozent an allen
28 Haushalten aus. Auch alleinerziehende Frauen zählten mit 14 Prozent
29 mehr als doppelt so häufig zur Klientel der Schuldnerberatungsstellen,
30 als es ihrem Anteil von sechs Prozent an allen Haushalten entsprach.

(1) (sich) überschulden
(2) _____
(3) _____
(4) _____
(5) _____
(6) _____
(7) _____
(8) _____
(9) _____
(10) _____
(11) _____

W2 **Selektives Lesen.** Notieren Sie in Kurzform Informationen zu:

a) Ursachen der Schulden _____

b) Höhe des Nettoeinkommens der Menschen, die überschuldet sind _____

c) Hauptbetroffene _____

W3 **Infinitivsätze.** Im Text fehlt bei einem *Infinitiv mit zu* die Konjunktion »zu«. Schreiben Sie sie in den Text.

Wiederholung

W4 **Nominalkomposita.** Erklären Sie folgende Komposita. Setzen Sie in jede Lücke nur ein Wort.

a) Nettoeinkommen → das _____ , das man _____ zur Verfügung hat.

b) Verschuldungsursache → die _____ , _____ jemand _____ ist.

c) Schuldnerberatungsstelle → eine _____ (ein Büro, ein Amt), bei dem man sich _____ lassen kann, _____ man _____ hat.

d) Krisensituation → eine _____ , in der man sich in einer _____ befindet.

W5 Melissa schreibt an eine Schuldnerberatungsstelle. In ihrem Brief gibt es 12 Fehler. Finden und korrigieren Sie sie.

⇨ Fehler im Wort: Schreiben Sie die richtige Form an den Rand. (Beispiel 1)

⇨ Fehler in der Satzstellung: Schreiben Sie das falsch platzierte Wort an den Rand, zusammen mit dem Wort, mit dem es vorkommen soll. (Beispiel 2)

⇨ Bitte beachten Sie: Es gibt immer nur einen Fehler pro Zeile.

Sehr geehrte Damen und Herren,

heute habe ich im Internet Ihre Seite »Wege aus der Schuldenfalle« **gelest (???!)**.
Aus verschiedenen Gründen **ich habe (???!)** momentan Probleme mit meinen Finanzen, trotzdem ich einen festen Arbeitsplatz habe. Meine Bank auch hat schon meine Kreditkarte gesperrt. Deshalb ich kann kein Geld mehr von meinem Konto abgehoben. Ich habe mit meiner Bank gesprochen, aber leider wird er mir keinen weiteren Dispokredit geben. Sie werden verstehen, dass eine sehr schwere Situation das für mich ist.
Ich war Ihnen sehr dankbar, wenn ich möglichst schnell einen Beratungstermin bei Ihnen bekommen könnte. Bitte teilen Sie mir, wann ich zu Ihnen kommen kann. Es ist wirklich sehr dringender.

Ich bedanke mich über Ihr Verständnis.

Mit freundlichen Grüßen
Melissa F.

(1) _gelesen_
(2) _habe ich_
(3) _____
(4) _____
(5) _____
(6) _____
(7) _____
(8) _____
(9) _____
(10) _____
(11) _____
(12) _____

12 Noten für Mediziner   Kb S. 125

Hörverstehen   TestDaF ☒   Goethe B2 ☐   DSH ☐

1 Überprüfen Sie Ihr Hörverstehen. **Hören Sie den Text und beantworten Sie beim Hören die Fragen in Stichworten.**

1. Womit vergleicht **Patient 1** die Ärztebewertung?	
2. Was befürchtet **Patient 1**?	
3. Was findet **Patient 2** a) uninteressant, was b) interessant?	a) _____ b) _____
4. Warum glaubt **Patient 3**, dass er heute ein Kunde und kein Patient mehr ist?	
5. Was empfindet **Patient 3** als selbstverständlich?	
6. Warum möchte sich **Arzt 1** nicht von Patienten bewerten lassen?	
7. **Arzt 2:** Warum sollten gute Ärzte keine Probleme mit der Bewertung durch Patienten haben?	
8. Was erwartet **Arzt 2** von der Bewertung durch Patienten?	
9. Welche Gefahr sieht **Arzt 3**?	
10. Welche Nachteile für den Arzt sieht **Arzt 3**?	

2 Hören Sie die Meinung von Patient 3 und ergänzen Sie die Lücken. Die Wörter in den Lücken sind die Schlüsselwörter.

Der _____ von heute ist ja wie ein _____. Er _____

_____. Und _____ bin sein _____, früher war ich Patient. Das ist aber heute nicht mehr der Fall. Und wie in einem normalen Laden _____ ich

_____. Ich _____ nicht nur meine _____, ich

muss die _____ bezahlen, er schickt für alles Mögliche eine Rechnung, und die bezahle ich, wie ich einen Fernseher oder ein Waschmaschine bezahle. Da ist es doch ganz _____,

dass ich mich _____ vorher _____, ob die _____,

die ich kaufen will, _____ sind. Bei der _____ ist das ja _____ viel

_____. Bei einem _____ gucke ich mir auch die

_____ an und lese Erfahrungsberichte im _____.

12

Medikament sucht Krankheit Kb S. 127

Leseverstehen   TestDaF ☒   Goethe B2 ☒   DSH ☐

Text 1: Mit 30 eine Glatze? (S. 121)

1 *Überprüfen Sie das Leseverstehen.* **Welche Antwort a), b) oder c) passt? Bitte ankreuzen.**

1. Am Anfang sagten die Ärzte zu Niels, dass er
   - a) Tabletten gegen den Haarausfall nehmen solle.
   - b) mit der Glatze leben müsse.
   - c) seine Glatze bedecken solle.

2. Haarausfall
   - a) tritt bei Männern mit zunehmendem Alter auf.
   - b) beginnt bei Männern normalerweise mit 25 Jahren.
   - c) ist nur bei wenigen Männern krankhaft.

3. Das Medikament Propecia hilft
   - a) gegen das natürliche Altern.
   - b) gegen erblich bedingten Haarausfall.
   - c) niemandem, der unter Haarausfall leidet.

4. Das Problem für Merk & Co bestand darin, dass Propecia
   - a) für eine Vermarktung zu teuer war.
   - b) nicht genügend bekannt war.
   - c) nur bei wenigen Menschen hilft.

5. Die Werbekampagne für Propecia war problematisch, weil
   - a) Haarausfall nicht behandelt werden kann.
   - b) eine Studie gefälscht war.
   - c) medizinische Experten gekauft waren.

2 Füllen Sie in Stichworten das Raster zur Studie über Haarausfall aus.

1. Wer hat untersucht?	
2. Was wurde untersucht?	

3. Welche Ergebnisse hatte die Studie?	1. _____ 1/3 d. Männer Haarausfall _____
	 2. Folgen
	   → a) _____
	   → b) _____
	   → c) _____

4. Wie wird die Studie beurteilt?	

3 Wandeln Sie die nominalen in verbale Ausdrücke um.

nominal	verbal
eine profitable Vermarktung des Medikaments	
der Verlust des Kopfhaares	
die Einnahme von Medikamenten	

12 Medikament sucht Krankheit   Kb S. 127

Text 2: Sissi-Syndrom (S. 122)   TestDaF

1 *Überprüfen Sie das Leseverstehen.* **Markieren Sie die richtige Antwort.**

1	Donna ist arbeitslos.	J N ?
2	Donna vermutet, dass ihre Probleme mit ihrem Beruf zusammenhängen.	J N ?
3	Der Arzt diagnostiziert eine psychische Krankheit bei Donna.	J N ?
4	Bei Menschen mit dem »Sissi-Syndrom« kann man sofort erkennen, dass sie depressiv sind.	J N ?
5	Eine wissenschaftliche Studie bewies, dass es sich bei dem »Sissi-Syndrom« nicht um eine Krankheit handelt.	J N ?
6	Im Gegensatz zum »Sissi-Syndrom« wird die »bipolare Störung« als Krankheit anerkannt.	J N ?
7	Nach Angaben der Pharmaindustrie ist eine »bipolare Störung« nicht heilbar.	J N ?
8	Unabhängige Forschergruppen haben errechnet, dass weltweit ungefähr 133 Millionen Menschen an einer »bipolaren Störung« leiden.	J N ?

J = steht im Text   N = steht nicht im Text   ? = Text sagt dazu nichts

2 Der folgende Lückentext fasst den Text zusammen. **Ergänzen Sie die fehlenden Wörter, die unter dem Text stehen.**

Zu Beginn wird der _____ (1) eines Arztes wiedergegeben. Bei einer Patientin, die Angst um ihren Job hat, _____ (2) er das so genannte »Sissi-Syndrom«, das heute _____ (3) genannt wird. Im Folgenden werden die beiden Begriffe erklärt. Der Begriff »Sissi-Syndrom« geht zurück auf auf die österreichische Kaiserin Elisabeth, die als _____ (4) galt. Diese Menschen haben _____ (5) Verhaltensweisen, zum Beispiel Selbstzweifel und zu starkes _____ (6) oder kraftlos und _____ (7). Der Pharmakonzern Smith Kline Beecham verwendete den Begriff in einer Werbeanzeige, die zu einer _____ (8) Behandlung dieser »Krankheit« riet. Wissenschaftlich wurde die Bezeichnung des »Sissi-Syndroms« als Krankheit _____ (9). Trotzdem werden heute die gleichen _____ (10) wieder als Krankheit bezeichnet: als »bipolare Störung«. Weltweit seien _____ (11) 133 Millionen Menschen betroffen, die alle bis an ihr _____ (12) mit Medikamenten behandelt werden müssten, _____ (13) die Pharmaindustrie.

| bipolare Störung | Bericht | Selbstbewusstsein | Lebensende | Symptome | manisch-depressiv |
| diagnostiziert | davon | hyperaktiv | behauptet | widerlegt | gegensätzliche | medikamentösen |

12

Medikament sucht Krankheit Kb S. 127

Text 3: Hohe Cholesterinwerte (S. xy)

TestDaF ☒
Goethe B2 ☒

1 *Überprüfen Sie das Leseverstehen.* **Welche Antwort a), b) oder c) passt? Bitte ankreuzen.**

1. Johanna ließ in Hamburg ihre Cholesterinwerte untersuchen, weil
   - a) sie Beschwerden hatte.
   - b) einer solcher Test keine Nachteile hat.
   - c) ihr Arzt es ihr empfohlen hatte.

2. Eine Studie zu Cholesterin
   - a) bewies, dass das Molekül sehr wichtig für das Leben ist.
   - b) berechnete, wie viel Milligramm Cholesterin bayrische Bürger durchschnittlich im Blut hatten.
   - c) legte den Grenzwert fest.

3. Der Grenzwert für Cholesterin wurde auf 200 Milligramm festgesetzt, obwohl
   - a) dieser Wert unter Wissenschaftlern umstritten ist.
   - b) mehrere Studien einen anderen Wert empfahlen.
   - c) viele Ärzte ihn nicht akzeptierten.

4. Die Erhöhung des Grenzwerts für Cholesterin hatte zur Folge, dass
   - a) der Bevölkerung die Gefahr deutlich gemacht werden musste.
   - b) die meisten Menschen in Deutschland Medikamente einnahmen, um ihren Cholesterinspiegel zu senken.
   - c) Pharmakonzerne mehr verdienten.

2 Finden Sie im Text 3 Konditionalsätze ohne »wenn«. Geben Sie Zeilen an.

1. Z. _____   2. Z. _____   3. Z. _____

3 Welche Bedeutung haben die folgenden Wendungen und Wörter im Text?

a) Z. 4: ... bin ich fast vom Hocker gefallen.
   1. ☐ war ich sehr enttäuscht
   2. ☐ konnte ich nicht mehr sitzen bleiben
   3. ☐ war ich sehr überrascht

b) Z. 22: umsetzen
   1. ☐ an eine andere Stelle setzen
   2. ☐ (eine Idee) verwirklichen
   3. ☐ verkaufen

c) Z. 24: erklären
   1. ☐ jemanden bezeichnen als
   2. ☐ begründen
   3. ☐ deutlich machen

4 Bestimmen Sie die Wörter, Satzteile oder Sätze, worauf sich die Bezugswörter beziehen. Kürzen Sie bei langen Satzteilen oder ganzen Sätzen ab.

a) Z. 1: Man konnte **da** seine Cholesterinwerte ... → _____

b) Z. 9: Hat der Körper zu viel **davon**. → _____

c) Z. 16: Liegt der Wert **darüber** → _____

d) Z. 20: Ärzte und Firmen profitieren **davon** direkt. → _____

95

12 Medikament sucht Krankheit   Kb S. 127

Text 4: Unruhige Beine (S. 124)

1 Welche *sechs* der sieben Überschriften passen zu den Abschnitten des Textes? Geben Sie die Zeilen an (z.B. Z. 18 – 21).

Zeilen

1. Ursachen und Folgen von RLS _____

2. Arzt und Zeitung lösen das Rätsel _____

3. Wissenschaftler entdecken Zusammenhang zwischen Parkinson-Krankheit und RLS _____

4. Die Leiden der Beate S. _____

5. Was die Medien nicht berichteten _____

6. Gründe für Medienkampagne _____

7. RLS wird bekannt gemacht _____

2 Überprüfen Sie das Leseverstehen. **Markieren Sie die richtige Antwort.** TestDaF

1	Auch Beates Mann hatte RLS.	J N ?
2	Ein Neurologe verschrieb Beate ein Medikament, das half.	J N ?
3	Medikamente, die Eisen enthalten, helfen bei RLS.	J N ?
4	Schon seit langem stellen Ärzte fest, dass viele ihrer Patienten RLS haben.	J N ?
5	Man schätzt, dass etwa 10 Prozent der Bevölkerung an RLS leiden.	J N ?
6	Das Medikament gegen RLS wird auch bei einer anderen Krankheit eingenommen.	J N ?
7	RLS und die Parkinson-Krankheit haben die gleichen Symptome.	J N ?
8	In den Zeitungen wurden keine korrekten Informationen verbreitet.	J N ?
9	Menschen, die unter RLS leiden, können auch ohne Medikamente wieder gesund werden.	J N ?
10	Ropinirol schadet den Menschen mehr, als es ihnen nutzt.	J N ?

J = steht im Text   N = steht nicht im Text   ? = Text sagt dazu nichts

3 Vervollständigen Sie die Sätze mit den Informationen des Textes. Achten Sie darauf, dass die Sätze grammatisch korrekt sind.

a) Bei der Mehrheit der RLS-Kranken wird vermutet, dass zum Beispiel _____ oder _____ für die Krankheit verantwortlich sind.

b) GlaxoSmithKline wollte mit Hilfe der Medien _____

c) In den Medien wurde oft verschwiegen, _____

12 Medikament sucht Krankheit

Kb S. 127

Wortschatz

Angstzustände *(meist pl.)*	
das Antidepressivum *pl.: -depressiva*	
behandeln	
der Bewegungsdrang	
das Burnout *(engl.)*	
die Depression *Adj.: depressiv*	
diagnostizieren	
dosieren *Nomen: die Dosis*	
einnehmen	
erkranken	
der Grenzwert	
die Halluzination	
Hausarzt, -ärztin	
der Herzinfarkt	
die Hyperaktivität	
die Impotenz	
die Impulsivität	
die Kampagne	
die Krankenkasse	
leiden an, unter	
manisch-depressiv	
das Marketing	
medikamentös	
das Mittel	
Neurologe, Neurologin	
die Panikattacke	

der Parkinson	
Patient, Patientin	
die Pharmaindustrie	
die Pille	
die Praxis	
profitabel	
profitieren	
das Psychopharmakon *pl.: Psychopharmaka*	
rezeptpflichtig	
ruhigstellen	
die Schizophrenie	
die Schlafstörung	
der Schlaganfall	
die Sehschwäche	
der Spiegel *(medizin.)*	
sponsern	
das Symptom	
die Therapie	
der Umsatz *Verb: umsetzen*	
die Vergesslichkeit	
vermarkten	
verordnen	
verschreiben	
vorbeugen	
die Wahnvorstellung	
die Werbeagentur	
wirken	

1 In der Wortliste sind 16 Krankheiten aufgeführt. Manche sind aber in Wirklichkeit keine. Bewerten Sie die Krankheiten nach den nebenstehenden Kriterien. Kreuzen Sie eine Ziffer an.

0 = keine Krankheit
1 = leichte Krankheit
2 = schwere Krankheit
3 = sehr schwere Krankheit

Krankheit	Schwere	Krankheit	Schwere
	0 1 2 3		0 1 2 3
	0 1 2 3		0 1 2 3
	0 1 2 3		0 1 2 3
	0 1 2 3		0 1 2 3
	0 1 2 3		0 1 2 3
	0 1 2 3		0 1 2 3
	0 1 2 3		0 1 2 3
	0 1 2 3		0 1 2 3

12 Medikament sucht Krankheit

Kb S. 127

2 **Welche Wörter passen nicht in die Liste. Warum nicht?** Streichen Sie diese Wörter durch und begründen Sie Ihre Auswahl. Falls Sie oben auf der Seite eine Übersetzung hinter die deutschen Wörter geschrieben haben, decken Sie bitte die Worttabelle ab.

Liste 1	verordnen, dosieren, einnehmen, profitieren, vorbeugen, verschreiben, rezeptpflichtig, Grenzwert,
	passt / passen nicht, weil

Liste 2	Symptom, Hausarzt, Therapie, Marketing, Diagnose, verschreiben, Praxis, behandeln, Kampagne
	passt / passen nicht, weil

Liste 3	Umsatz, Werbeagentur, Impulsivität, sponsern, vermarkten, vorbeugen, Kampagne, profitabel
	passt / passen nicht, weil

3 **MEDIKAMENTE. Ergänzen Sie in den Lückentext Wörter, die zu »Medikamente« passen.**

Der Arzt _____ »Bluthochdruck«. Bluthochdruck muss behandelt werden. Er _____ das Medikament Sangobasso. Das Medikament ist _____. Deshalb muss es in der Apotheke gekauft werden. Der Patient _____ das Medikament regelmäßig nach der vorgeschriebenen Dosis (6 x täglich 5 Tabletten) _____. Das Medikament _____, der Blutdruck sinkt, aber es hat auch _____: Müdigkeit, Verminderung der Leistungsfähigkeit, gelegentlich Depressionen.

4 **Schreiben Sie die Wörter richtig. Sie sind der Wortliste entnommen. Manchmal gehören zu den Wörtern auch die Präpositionen.**

EINLADEN _____
PTOMSMY _____
KHAN FEZ IRRT _____
SCHERBEN VIER _____

RAUH SATZ _____
ERICH ZEH SPION _____
RASCH HAPPY AMOK _____
ABLEHNEND _____

5 **Finden Sie 13 Wörter aus der Wortliste. Schreiben Sie sie auf.** _Die Wörter sind → und ↓ angeordnet._

P	D	D	O	D	K	R	A	N	K	E	N	K	A	S	S	E	B	T
U	O	W	S	I	H	R	P	I	L	L	E	G	H	C	P	S	U	L
U	S	I	R	S	A	Z	P	R	A	X	I	S	Y	O	A	Y	R	Q
G	I	R	U	M	S	A	T	Z	J	R	E	Z	E	P	T	M	N	W
A	S	K	X	S	R	O	D	D	E	P	R	E	S	S	I	V	O	H
R	B	E	H	A	N	D	E	L	N	T	M	Ü	K	W	E	T	U	U
I	J	N	W	T	Z	W	V	O	R	B	E	U	G	E	N	O	T	H
P	Ü	T	T	H	E	R	A	P	I	E	F	I	E	K	T	M	K	L

1. _____
2. _____
3. _____
4. _____
5. _____
6. _____
7. _____
8. _____
9. _____
10. _____
11. _____
12. _____
13. _____

Indirekte Rede

Kb S. 132

6 Lösen Sie das Kreuzworträtsel. Alle Wörter sind der Wortliste auf S. 95 entnommen. Die Buchstaben in den grauen Kästen ergeben ein Wort, nach dem Sie Ihren Arzt oder Apotheker fragen sollten.

Waagerecht

3 eine Menge von etwas abmessen, z. B. wie viele Tabletten man einnimmt
7 Arzt, zu dem man in der Regel zuerst geht
8 etwas bringt Gewinn *(Adjektiv)*
11 *hier*: wenn Medikamente helfen
13 *hier*: ein Medikament schlucken
14 man verhindert – z.B. durch gesunde Ernährung –, dass man krank wird

Senkrecht

1 Hier übt ein Arzt seine Arbeit aus. Auch bei einem Rechtsanwalt heißt die Arbeitsstätte so.
2 ein Medikament, das nur von einem Arzt verschrieben werden kann, ist ____
4 eine Krankheit feststellen
5 als Arzt bestimmte Maßnahmen für einen Patienten festlegen, z. B. Medikamente , eine Brille, eine Diät
6 krank werden
9 *hier*: versuchen, einen Patienten zu heilen
10 eine Krankheit haben; Schmerzen haben
12 Anzeichen einer Krankheit, z. B. Husten ist ein ___ für eine Erkältung

| 1 | 2 | 3 | 4 | 5 | 6 | 7 | 8 | 9 | 10 | 11 | 12 | 13 | 14 |

Grammatik

1 Ergänzen Sie die indirekte Rede. Achten Sie auf den Wechsel der Possessiv- und Personalpronomen.

Direkte Rede	Indirekte Rede
Sissy sagt: »**Ich** fühle **mich** heute schlapp und niedergeschlagen.«	Sissy sagt, dass **sie sich** heute schlapp und niedergeschlagen *fühle*.
»Mir ist abwechselnd kalt und heiß, mein Kopf tut mir weh, und ich kann nachts nicht schlafen.«	
»Gestern noch war ich fröhlich und hatte gute Laune. Meinem Mann ist das auch aufgefallen. Ich weiß nicht, was mit mir los ist. Habe ich vielleicht das Sissy-Syndrom?«	Sie fragt, ob ...
Dr. K. sagt: »Nein, ich kann Sie beruhigen. Sie leiden nur unter einer bipolaren Störung. Ich kann Ihnen ein Medikament aufschreiben.«	

12 Generalwiederholung

Im Folgenden können Sie Fertigkeiten und grammatische Strukturen des gesamten 1. Bandes von HALIT wiederholen.

	Wiederholung	
Grammatik	Textbezüge	Kb, S
	Passiv / Aktiv	Kb, S
	Passiv-Ersatzformen	Kb, S
	Relativsätze	Kb, S
	Satzstellung	Kb, S
	Partizip-Attribute	Kb, S
	Infinitivsätze	Kb, S
	Nominalisierungen	Kb, S
	Direkte und indirekte Rede	Kb, S
	Konjunktiv II	Kb, S
Leseverstehen	Text gliedern	
	Fragen beantworten	
	Fragen stellen	
	Meinungen erkennen	
	Text zusammenfassen	

Ruhiggestellt

A Früher hießen sie »Zappelphilipp«. Heute hat die Pharmaindustrie dafür eine richtige Krankheit gefunden: ADS oder ADHS (»Aufmerksamkeits-Defizit-Syndrom«) nennt sich der Befund, der bei mehr als einer halben Million Kindern diagnostiziert wurde. Gemeint ist ein »Aufmerksamkeits-Defizit-Syndrom«. Die Störung kann sich unter anderem darin äußern, dass Kinder unruhig und leicht ablenkbar sind, ein gestörtes Sozial-
5 verhalten haben und mangelnde Ausdauer beim Spielen oder in der Schule zeigen. Allerdings ist die Abgrenzung zu einem »normalen« Lern- und Spielverhalten schwer.

B Ohne Zweifel sind hyperaktive Kinder sehr anstrengend und können ihre Eltern, Erzieher und Lehrer durch ihren ständigen Bewegungsdrang zur Verzweiflung bringen. Doch seit die Symptome zu einer Krankheit erklärt wurden, werden auch immer häufiger Medikamente dagegen eingesetzt. Die Pille für die scheinbar
10 psychisch gestörten Kinder heißt Ritalin. Das Betäubungsmittel wurde schon vor 70 Jahren erfunden, erlebt aber erst jetzt einen rasanten Aufstieg. Es wird mehrmals täglich verabreicht und stellt je nach Dosis auch das nervöseste Kind ruhig. Ritalin ist gleichzeitig ein beliebtes leistungssteigerndes Mittel bei Schülern und Studenten. In den letzten zehn Jahren ist der Verkauf in Deutschland laut Sigmund-Freud-Institut in Frankfurt um das 270-Fache gestiegen.

15 **C** Seriösen Studien zufolge ist die Diagnose ADHS bei drei bis vier Prozent der Kinder und Jugendlichen berechtigt. In den USA hingegen gelten neun bis zwölf Prozent eines Jahrgangs als ADHS-Patienten, manche Publikationen sprechen von 15 bis 20 Prozent. Nach Empfehlungen der »Vereinigung Amerikanischer Kinderärzte« sollten bereits vierjährige Kinder medikamentös behandelt werden, wenn ADHS diagnostiziert worden ist.

20 **D** Die Bereitschaft, selbst kleinen Kindern Psychopharmaka zu verordnen, wächst unter den Ärzten. Das Bundesinstitut für Arzneimittel und Medizinprodukte (BfArM) registrierte 1993 die Nutzung von 34 Kilogramm Ritalin. Im Jahr 2008 wurden von deutschen Apotheken bereits 1617 Kilogramm ausgegeben. Die medikamentöse Behandlung von Kindern und Jugendlichen ist ein ein riesiges Geschäft mit enormen Wachstumsraten für die Pharmaindustrie: Der Schweizer Konzern Novartis machte 2006 allein mit der Ritalin-Gruppe einen
25 Umsatz von 330 Millionen Dollar. Die Konkurrenz Johnson & Johnson setzte mit Concerta (gleicher Wirkstoff) noch mehr um, nämlich 930 Millionen Dollar.

E Dabei sind zumindest einige schwerwiegende Nebenwirkungen von Ritalin & Co. seit Jahren bekannt und werden selbst von den Pharmaunternehmen und den die Pille verschreibenden Medizinern nicht verschwiegen: Persönlichkeitsveränderungen, Schlafstörungen, Appetitlosigkeit bis zum Untergewicht, deutliche
30 Wachstumsverzögerung von über 20 Prozent pro Jahr, Meldungen über plötzliche Todesfälle in den USA, Herzrasen, und vieles mehr.

F Doch der große Aufschrei, der im Interesse der betroffenen Kinder seit Jahren durch unsere Gesellschaft hallen müsste, bleibt aus. Zu viele Interessenten, Ärzte, Lehrer, Pharmaunternehmen, aber auch Eltern setzten lieber auf die schnelle Pille, die so viele verhaltensauffällige Kinder zum Funktionieren bringt. Im Interesse der
35 Kinder wäre eine genaue Diagnostik und eine Verhaltenstherapie ohne Medikamente.

Generalwiederholung

W1 **Text gliedern.** Welche sechs der acht Überschriften 1. – 8. passen zu den Textabschnitten A – F? Schreiben Sie die passenden Buchstaben der Abschnitte hinter die Überschrift.

1. Wie verbreitet ist ADHS? _____
2. Welche Probleme kann es bei der Einnahme von Ritalin geben? _____
3. Wer finanziert die Studien zu ADHS? _____
4. Psychopharmaka für Kinder? _____
5. Wie verhalten sich die Eltern auffälliger Kinder? _____
6. Warum gibt es kaum Proteste gegen die Verordnung von Psychopharmaka? _____
7. Woran kann man erkennen, dass Kinder ADHS haben? _____
8. Wer profitiert von der Diagnose ADHS? _____

W2 **Fragen beantworten und Fragen stellen.**
a) Beantworten Sie zu den Textabschnitten A, B und C folgende Fragen (→ Antwort) und stellen Sie b) Fragen zu den Antworten (→ Frage).

Textabschnitt A

a) Welches Problem gibt es bei der Diagnose ADHS? → *Antwort:* _____

b) Bei mehr als einer halben Million Kindern. → *Frage:* _____

Textabschnitt B

a) Welche Wirkungen hat Ritalin? → *Antwort:* 1. _____
   2. _____

b) Mehrmals täglich. → *Frage:* _____

Textabschnitt C und D

a) 330 Millionen Dollar. → *Frage:* _____

b) Bei einer ADHS-Diagnose sollen auch vierjährige Kinder Medikamente erhalten. → *Frage:* _____

Textabschnitt E und F

a) Persönlichkeitsveränderungen, Schlafstörungen, Appetitlosigkeit bis zum Untergewicht, deutliche Wachstumsverzögerung von über 20 Prozent pro Jahr, Meldungen über plötzliche Todesfälle in den USA, Herzrasen? → *Frage:* _____

b) Zu viele Interessenten, Ärzte, Lehrer, Pharmaunternehmen, aber auch Eltern setzen lieber auf die schnelle Pille. → *Frage:* _____

c) Welche Alternative gibt es zur Verordnung von Medikamenten? → *Antwort:* _____

Generalwiederholung

W3 **Meinung des Autors.** Stellen Sie fest, wie der Autor des Textes folgende Fragen beurteilt: + = positiv; – = negativ bzw. skeptisch. Bitte ankreuzen.

Wie beurteilt der Autor des Textes

1. die Verordnung von Psychopharmaka für Kinder?	+	–
2. , dass Studien 15 bis 20 Prozent der Kinder als ADHS-Patienten bezeichnen?	+	–
3. eine Verhaltenstherapie ohne Medikamente?	+	–

W4 **Textzusammenfassung.**
- ⇨ Füllen Sie das Raster in Stichworten aus.
- ⇨ Schreiben Sie anschließend mit Hilfe des Rasters und der SoS »Texte zusammenfassen«, Kursbuch S.112, eine Zusammenfassung des Textes.

1. ADHS: deutsche Bezeichnung	
2. b) Symptome	
3. Anzahl der Betroffenen	
4. Behandlung	
5. Medikament Ritalin	1. Nutzung a) 1993 _____ b) _____ 2. Umsatz a) _____ b) _____
6. Nebenwirkungen der Behandlung	
7. Kritik an Diagnose und Behandlung	

GRAMMATIK

W5 **Textbezüge.** Bestimmen Sie die Wörter, Satzteile oder Sätze, worauf sich die unterstrichenen Bezugswörter beziehen. Kürzen Sie bei langen Satzteilen oder ganzen Sätzen ab.

a) Z. 1: Früher hießen **sie** »Zappelphilipp«. ➞ _____

b) Z. 4: Die Störung kann sich unter anderem **darin** äußern, ... ➞ _____

c) Z. 9: ... werden .... Medikamente **dagegen** eingesetzt ➞ _____

W6 **Passiv / Aktiv.**

a) In dem Satz in Zeile 1 »*Heute hat ... – gefunden*« soll »die Pharmaindustrie« nicht genannt werden. In einem solchen Fall gibt es zwei Möglichkeiten: **Passiv** und **unpersönliches Aktiv.** Schreiben Sie beide Varianten auf.

1. _____
2. _____

Generalwiederholung

b) Der Italiener Leandro Panizzon hat Ritalin entdeckt. Schreiben Sie den Satz aus Zeile 10 mit dieser Information in zwei Varianten: 1. Aktiv, 2. Passiv

1. Aktiv: _____

2. Passiv: _____

W7 **Relativsätze.** Schreiben Sie aus den beiden Hauptsätzen einen Hauptsatz und einen Relativsatz.

a) Eltern stehen vor großen Erziehungsproblemen. Die Kinder der Eltern leiden unter ADHS.

_____

b) Das »Aufmerksamkeits-Defizit-Syndrom« ist eine psychische Störung. Angeblich eine halbe Million Kinder sind davon betroffen. ↪ _____

W8 **Passiv-Ersatzformen.** Formen Sie den Satz mit dem Adjektiv mit »-bar« um.

Die Kinder sind leicht **ablenkbar**.

1. Variante: _____

2. Variante: _____

W9 **Satzstellung.** Betonen Sie den unterstrichenen Satzteil, indem Sie ihn ins Vorfeld des Satzes bringen.

a) Seriösen Studien zufolge ist die Diagnose ADHS <u>bei drei bis vier Prozent der Kinder und Jugendlichen</u> berechtigt. ↪ _____

b) Dabei sind zumindest einige schwerwiegende Nebenwirkungen von Ritalin <u>seit Jahren</u> bekannt.
↪ _____

W10 **Partizip-Attribute.** Verwandeln Sie das unterstrichene Attribut in einen Relativsatz.

a) Die Pille für die <u>scheinbar psychisch gestörten</u> Kinder heißt Ritalin. ↪ _____

b) Dabei sind die Nebenwirkungen von Ritalin & Co. seit Jahren bekannt und werden selbst von den <u>die Pille verschreibenden</u> Medizinern nicht verschwiegen. ↪ _____

W11 **Infinitivsatz.** Setzen Sie die Sätze grammatisch korrekt fort.

a) Zeile. 7: Ohne Zweifel sind hyperaktive Kinder sehr anstrengend und in der Lage, _____

b) Zeile 11: Ritalin wird mehrmals täglich verabreicht und hat die Eigenschaft, _____

Generalwiederholung

W12 **Nominalisierungen.** In den Zeilen 29 – 31 werden die Nebenwirkungen von Ritalin benannt. Verwandeln Sie die nominalen in verbale Ausdrücke.

nominal	verbal
Persönlichkeitsveränderungen	Die Persönlichkeit verändert sich.
Schlafstörungen	
Appetitlosigkeit	Die Kinder haben _____
Wachstumsverzögerung	
Herzrasen	

W13 **Direkte und indirekte Rede.** Frau P. geht mit ihrer Tochter Lisa zu dem Kinderpsychologen Dr. D. Sie erzählt dem Arzt, was an Lisa auffällig ist.

Frau P. erzählt:

> *Herr Doktor, Lisa ist drei Jahre alt, und bis vor acht Wochen war sie ein glückliches Kind. Doch plötzlich will sie nicht mehr in den Kindergarten gehen: Sobald sie den Kindergarten sieht, geht der Terror los: Sie fängt an zu schreien, wirft sich zu Boden, tobt und ist kaum zu beruhigen. Sie klammert sich verzweifelt an mich. Die anderen Kinder interessieren sie nicht. Was hat Lisa? Hat sie vielleicht eine psychische Störung? Ich habe ihr manchmal ein Beruhigungsmittel gegeben, aber das hat auch nicht geholfen.*

⇨ **Der Arzt schreibt einen Bericht. Setzen Sie die Schilderung der Mutter in die indirekte Rede. Verwenden Sie den Konjunktiv.** *Schreiben Sie bitte auf ein Blatt Papier.*

Dr. D. schreibt in seinem Bericht: { Lisa sei drei Jahre alt und ... }

Dr. D. schreibt auch in seinem Bericht, welche Diagnose er stellt und was er Frau P. gesagt hat.

> *Ich habe Frau P. erklärt, dass Lisa unter keinen psychischen Störungen leide. Ihr Verhalten sei nicht ungewöhnlich in einer solchen Situation. (Frau P. erzählte mir, sie habe vor 9 Wochen ein zweites Kind bekommen.) Ihre Aufmerksamkeit habe sich natürlich auf das Neugeborene konzentriert. Das mache Lisa eifersüchtig. Lisa habe Verlustängste und wolle mehr Aufmerksamkeit und Fürsorge von ihrer Mutter erreichen. Aus diesem Grund wolle sie nicht in den Kindergarten, sondern bei ihr bleiben. Lisa sei eifersüchtig, das sei alles. Frau P. solle versuchen, auf diese natürliche Eifersucht zu reagieren, indem sie sich auch möglichst gleichberechtigt um Lisa kümmere. Medikamente seien absolut unnötig und schädlich.*

⇨ **Schreiben Sie auf, was der Arzt zu Frau P. sagt. Verwenden Sie die direkte Rede.** *Schreiben Sie bitte auf ein Blatt Papier.*

Dr. D. sagt zu Frau P.: { »Frau P., ich kann Sie beruhigen. Lisa leidet ... }

W14 **Irreale Wunschsätze, Konjunktiv II.** Frau P. macht sich nach der Erklärung von Dr. D. Vorwürfe. Schreiben Sie mindestens noch drei »Selbstvorwürfe« wie im Beispiel. Verwenden Sie den Konjunktiv II der Vergangenheit.

Beispiel   **Hätte** ich Lisa doch nie Tabletten **gegeben**.

1. _____
2. _____
3. _____

Hörtexte

Kapitel 1

Was sind denn das für Spicker? (S. 8)

Teil 1

Reporter
Ich stehe hier im Museum für Kommunikation in Frankfurt, das eine ganz besondere Ausstellung zeigt: eine Spicker-Ausstellung. Darf ich Sie zu einem kleinen Rundgang einladen, in eine Welt, die Sie vielleicht auch noch kennen: Schule, Klassenarbeit, Prüfung, Herzklopfen und die bange Frage: Merkt der etwas? ...

So, wir schauen uns jetzt einmal an, was die Schüler sich vor Prüfungen alles so einfallen lassen, um die Lehrer auszutricksen. Gleich am Anfang hier haben wir einen technisch sehr aufwändigen Spicker. Hier, die Armbanduhr. Ein genialer Spicker. Die Papierrollen sind vollgeschrieben mit Chemie, 20 cm lang, über die Räder außen kann man die Papierrollen hin und herrollen, so wie man es gerade braucht. Der Schüler muss mehrere Stunden, vielleicht sogar Tage gebraucht haben, diesen Spicker fertigzustellen. Na klar, hier steht, dass der Schüler später erfolgreicher Ingenieur geworden ist. Kein Wunder!

Und hier, was ist das denn hier? Ein Etikett von einer Limonadenflasche. Na und? Hey, wieso ist das eigentlich ein Spicker? Steht doch nichts Besonderes drauf auf diesem Etikett! Ach! Das ist ja irre! Was steht denn da unter »1,0 Liter«? Außenp.: von Imper. Wirtschaftskrise wegen Liberalismus, Roosevelt, New Deal – das sind doch nicht die Inhaltsstoffe von Fanta! Das klingt doch nach einem Kapitel aus der Geschichte der USA! Genial! Wie hat der Schüler das gemacht? Hier steht eine Beschreibung, eine Art Bastelanleitung: »Limonadenflasche ins Wasserbad legen, Etikett ablösen, mit Föhn trocknen. Etikett einscannen, mit PC bearbeiten, mit Farbdrucker ausdrucken, Etikett auf Flasche kleben.« Wunderbar!

Der dritte in dieser Reihe hat auch etwas mit dem Durst zu tun, der wohl bei Prüfungen enorm sein muss. Und zwar weltweit, wie Sie an diesen beiden Exponaten sehen können. Überall stehen Flaschen oder – wie bei diesem Spicker – Safttüten auf den Tischen. Die eine stammt aus Russland, die andere aus Jordanien. Und aus diesen Tüten hier wird nicht nur getrunken! Das erinnert mich an einen Weihnachtskalender. Man klappt ein Fenster auf und – Überraschung!

Von dem Spicker hier gibt es nur ein Foto, nicht schlecht gemacht, aber die Schokolade sollte man ganz zum Schluss der Prüfung essen, sonst war alles umsonst.

Dass der Durst bei Klassenarbeiten immer enorm war, haben wir schon bei den Safttüten gesehen. Ich erinnere mich aber auch noch, dass viele Schüler erkältet und verschnupft zur Schule kamen, wenn Prüfungen anstanden. Überall lagen diese Packungen mit Papiertaschentüchern auf dem Tisch. Hier sieht man auch, warum. »A travelog is an advertising film which promotes a special city.« – Das klingt ja auch nicht gerade nach einer Gebrauchsanleitung für Papiertaschentücher!

Diesen Spicker hier kann ich nicht beurteilen. Ich glaube der kommt aus einer chinesischen oder koreanischen Schule ...

Hier, bei dem hier, hat sich jemand keine besonders große Mühe gegeben. Einfach ein paar mathematische Formeln auf einen Zettel geschmiert, und sich dabei auch noch verschrieben. Hier war jemand in Panik, kurz vor der Mathematikarbeit.

Der nächste Spicker ist winzig, als Vergleich ist hier eine 1-Cent-Münze drangelegt. Die Schrift ist sehr, sehr klein. Das kann man ja kaum lesen! Nicht ehebrechen, nicht stehlen ... Ich glaube hier hat jemand die ganze christliche Religion auf einen 5 Zentimeter großen Zettel geschrieben. Manche brauchen dafür ganz Bibliotheken. Das sind die 10 Gebote! Eine starke Leistung. Der Autor hat die wichtigsten Schlüsselwörter aufgeschrieben, sinnvoll abgekürzt und das alles extrem verkleinert. Ich glaube, er hat die 10 Gebote schon beim Anfertigen des Spickers auswendig gelernt.

Auch dieser lange, eng beschriebene Zettel sieht nach viel Arbeit aus. Klar strukturiert, das Wichtige farbig und durch Unterstreichungen hervorgehoben – um was geht es eigentlich? Aha, Geographie, Thema USA: Hauptstädte, Industrie, Rohstoffe.

Der nächste Spicker wurde ganz anders hergestellt. Es geht um antike Architektur. Hier hat jemand Seiten aus einem Buch kopiert, zerschnitten und neu zusammengeklebt. Anschließend hat er das Blatt mit einem Kopierer oder mit Hilfe eines Scanners stark verkleinert.

So und jetzt der letzte Spicker hier, ich glaube, der ist nur etwas für Frauen und das auch nur im Sommer.

Ja, das war ein kleiner Überblick über die Ausstellung hier. Ich möchte mich jetzt mit Alfred Argus unterhalten, er ist Lehrer und kennt so ziemlich alle Tricks, mit denen die Schüler die Lehrer zu überlisten versuchen.

Teil 2

Reporter *Herr Argus, was sagen Sie als Lehrer zu dieser Ausstellung?*

Argus Ich denke, dass man hier gut sehen kann, dass es ganz unterschiedliche Spicker gibt. Unterschiedlich jetzt aus pädagogischer Perspektive, also was bringt ein Spicker für das Lernen, welche Spicker sind sinnvoll, welche sinnlos.

Reporter *Entschuldigung, Sie sprechen von »sinnvollen« Spickern, aber Spicken ist doch Betrug!*

Argus Ja, klar. Aber sehen Sie, ganz viele Spicker werden ja gar nicht verwendet bei einer Klassenarbeit. Viele Spicker werden ja als eine Art Versicherung hergestellt, sie bleiben in der Tasche oder sonstwo, gewissermaßen als Reserve. Mich interessiert: Was bringt die Herstellung der Spicker für den Schüler, für das Lernen. Nutzt ihm das etwas, oder nutz ihm das nicht? Und da kann man, glaube ich, die Spicker in drei Gruppen einteilen.

Reporter *Welche sind das?*

Argus Die erste Gruppe sind die Last-Minute-Spicker, also die Spicker, die in der letzten Minute noch schnell vor der Klassenarbeit

Hörtexte

gemacht werden. Typische Beispiel ist dieser Ausriss mit den mathematischen Formeln oder hier der Spicker aus China. Sie sind meistens primitiv und, wie der Name schon sagt, werden schnell, meistens in Panik gemacht. Deshalb kann man sie schlecht lesen, oft weiß der Schüler selber gar nicht mehr, was er da geschrieben hat. Sie sind völlig wertlos. Man lernt nichts dabei, nichts.

Reporter Wozu gehört denn Ihrer Meinung nach dieser Spicker zur antiken Architektur?

Argus Ja, der gehört zur Gruppe der sorgfältigen Spicker. Dazu gehört auch dieser lange, schmale Streifen für den Geographie-Test. Diese Spicker werden zu Hause als Vorbereitung auf eine Prüfung angefertigt. Es gibt darunter Spicker, die pädagogisch gesehen sehr sinnvoll sind, eben dieser sehr sorgfältig gearbeitete Spicker zu antiken Architektur. Man kann hier sehr gut erkennen, dass sich die Schüler sehr intensiv mit dem Lernstoff beschäftigt haben, ihn zusammengefasst und geordnet haben. Wir wissen, dass das eine gute Methode zum Lernen ist. Ich glaube, dass Schüler und Schülerinnen, die sich auf diese Weise auf die Prüfung vorbereiten, den Zettel gar nicht mehr brauchen, weil sie alles gelernt haben.

Reporter Sie sprachen von drei Gruppen. Die dritte Gruppe ist wohl die Königsklasse?

Argus So ist es! Die dritte Gruppe sind die gebastelten Spicker. Es gibt da wirklich Meisterwerke wie die Armbanduhr, manche Safttüten oder natürlich die Limonadenflasche. Das sind Mega-Spicker! Wenn wir mal vergessen, dass es sich immer noch um Betrug oder Vorbereitung von Betrug handelt: Als Lehrer muss ich da schon sagen: Hut ab! So etwas herzustellen dauert lange. Man muss sich nicht nur mit der technischen Konstruktion beschäftigen, sondern auch mit dem Lernstoff. Es müssen Kurzformen, Zusammenfassungen, Abkürzungen gefunden werden. Pädagogisch ist das sehr wertvoll. Mir persönlich würde es leidtun, wenn ich einen Schüler mit so einem Spicker erwische und ihm eine Sechs geben müsste.

Reporter Würden Sie das denn tun, ihm den Spicker abnehmen und eine Sechs geben?

Argus Ja, das muss ich als Lehrer. Aber ich würde den Schüler fragen, ob er das Ding nicht verkaufen möchte …

Kapitel 2

Tabus: Dialoge (S. 19)

Dialog 1

A: Herr Dr. Knock, Sie sind Arzt. Dürfen wir Ihnen ein paar Fragen stellen?

B Bitte, sehr gern.

A: Wie viel Patienten haben Sie täglich?

B: Nun gut, das wechselt ja, das hängt natürlich vom Wochentag ab. Montags haben wir am meisten. Ich würde sagen, also wenn Sie mich nach dem Durchschnitt fragen, durchschnittlich so 40 pro Tag.

A: Haben Sie Sprechstundenhilfen beschäftigt?

B: Ja, natürlich. Insgesamt 6, und dann haben wir noch ein eigenes Labor.

A: Darf ich fragen, wie viel Sie netto monatlich verdienen?

B: Äh, wir haben ja einen sehr großen Aufwand mit den vielen Angestellten und dem eigenen Labor. Die Geräte sind ja sehr teuer …

A: Ja, wenn man das alles berücksichtigt. Wie viel Gewinn haben Sie dann am Ende des Monats?

B: Das lässt sich so pauschal nicht sagen. Das hängt natürlich davon ab, wie …

A: Durchschnittlich, Herr Dr. Knock, wir wollen ja nur eine ungefähre Zahl …

B: Also, wie gesagt, das ist sehr schwierig, denn sehen Sie, wenn ich zum Beispiel …. (langsam ausblenden)

Dialog 2

C: Ach, Sie kommen aus Köln? Da hab ich studiert, drei Jahre und dann bin ich wieder nach Hamburg.

D: Ja, studiert habe ich auch, aber nicht in Köln, in Bremen.

C: So, in Bremen. Na, das ist ja wohl schon länger her, was?

D: Äh, nun ja, ich, ja sicher, ein bisschen ist das schon her, meine Studienzeit.

C: Ich bin 58, wie alt sind Sie denn?

D: Ähem, … schön, dass wir uns getroffen haben. Ich muss jetzt leider … Bitte entschuldigen Sie mich …

C: ???!!

Dialog 3

E: Oh, Sie waren in Afghanistan.

F: Ja, für zwei Jahre war ich in Kundus stationiert. Wir haben dort Brunnen gebohrt, Straßen gebaut, und kurz vor meiner Abreise sogar eine Schule.

E: Haben Sie auch Menschen getötet?

F: Wie bitte???

E: Ich meine, Sie selbst. Ob Sie auch Afghanen getötet haben? Wissen Sie, ich war nie Soldat und ich würde gern wissen, was man da so denkt und fühlt …

F: Äh, uns ging es um Demokratie und, äh, Freiheit …

E: Ja, sicher, das ist schon klar. Aber Sie selbst, waren Sie mal in einer Situation, wo Sie Menschen, afghanische Männer oder Kinder, Frauen getötet …

Hörtexte

1 F: Was soll das? Was wollen Sie eigentlich?
2 E: ???

Dialog 4

3 G: Bei uns kann man die manchmal auf dem Markt sehen.
4 H: Was??? Schimpansen.
5 G: Klar, manche sagen, das wäre 'ne Delikatesse.
6 H: Das ist doch ... Ihr seid doch, das ist doch barbarisch!!
7 G: Wieso? Ihr esst doch hier auch Schweine, oder Rehe, die kommen auch aus dem Wald. Das ist nicht barbarisch?
8 H: Igitt. Guck mal, solche Tiere soll man töten, essen?!?!
9 G: Andere Länder, andere Sitten.

Nahrungstabus (S. 26)

10 **Inter:** *Frau Prof. Gurmann:, Sie sind Anthropologin und forschen über Nahrungstabus. Können Sie sich vorstellen, heute in der Mensa*
11 *frittierte Ratten statt Wiener Schnitzel zu essen?*
12 **Gurmann:** *(läuft leicht grün an)* Bäh! Würg! Kotz! Igitt! Nein, o nein. *(Pause)* Okay, jetzt mal wissenschaftlich: Der Mensch ist ein
13 Allesfresser. Das heißt, er kann prinzipiell alles, Ratten, Schweine, Insekten, Hunde, Schlangen und Gras fressen. Hätten Sie meinen
14 vietnamesischen Kollegen gefragt, hätte der wahrscheinlich nicht so empfindlich reagiert.
15 **Inter:** *Und warum haben* **Sie** *so empfindlich reagiert?*
16 **Gurmann:** Na, weil ich die Vorstellung, Ratten zu essen, ekelhaft finde. Ekel ist nicht angeboren. Ekel wird sozial erworben. Ein
17 Kleinkind bis zum Alter von zwei Jahren steckt alles in den Mund, auch wenn es giftig und eklig ist. Es kennt keinen Ekel, das
18 kommt später. Fragen Sie mal einen Vietnamesen, was der davon hält, dass wir uns Käse, dieses stinkende Zeug, in den Mund
19 stecken. Der findet das auch ekelhaft.
20 **Inter:** *Gibt es Tiere, die überall auf der Welt nicht gegessen werden? Ich könnte mir zum Beispiel vorstellen, dass Menschenaffen ein*
21 *Tabu sind.*
22 **Gurmann:** Nein, da liegen Sie falsch. Wir sprechen über Nahrungstabus, und Nahrungstabus gelten nur für einen bestimmten
23 Kulturraum. Menschenaffen sind in einigen Ländern Afrikas durchaus kein Nahrungstabu.
24 **Inter:** *Bekannte Nahrungstabus sind Kühe in Indien oder Schweine in islamischen Ländern. Bei uns gehören ja diese Tiere zu den*
25 *Hauptnahrungsmitteln. Wie kann man das erklären?*
26 **Gurmann:** Diese Tiere, Schweine und Kühe, dürfen aus religiösen Gründen nicht verzehrt werden. Für die Hindus sind Kühe
27 heilig, und die Moslems halten das Schwein für unrein.
28 **Inter:** *Gibt es Gründe, warum die Religion es den Menschen verbietet, diese Tiere nicht zu essen?*
29 **Gurmann:** Da gibt es verschiedene Theorien. Kühe zum Beispiel werden in Indien in der Landwirtschaft, im Ackerbau gebraucht.
30 Sie liefern Milch und Dünger, der auch zum Heizen gebraucht wird. Es wäre nicht klug, diese Tiere zu essen. Und einige Forscher
31 sagen, dass sei historisch das Motiv für die heiligen Kühe gewesen, also ökonomische Gründe und keine religiösen Gründe.
32 **Inter:** *Und wie erklärt man, dass Schweine im Islam und im Judentum als unrein gelten?*
33 **Gurmann:** Auch da gibt es eine Theorie, dass ursprünglich ökonomische Gründe eine Rolle gespielt haben. Schweine müssen
34 mit Getreide und anderen Feldfrüchten gefüttert werden. Und als die Nahrung knapper wurde, wurden Schweine Nahrungs-
35 konkurrenten der Menschen. Natürlich, solche Theorien würden Moslems und Hindus nicht akzeptieren.
36 **Inter:** *Gibt es noch andere Ursachen für Nahrungstabus?*
37 **Gurmann:** Ja. Nehmen wir das Pferd. Pferdefleisch gilt in manchen Ländern als ganz normales Nahrungsmittel, zum Beispiel in
38 Frankreich. Tabu ist es in den USA, in England, Australien, in den islamisch geprägten Ländern und im Judentum. Pferde sind in
39 vielen Ländern keine Nutztiere, sondern Haustiere. Sie stehen den Menschen zu nahe, man hat ein emotionales, ein positiv emoti-
40 onales Verhältnis zu ihnen, deswegen isst man deren Fleisch nicht.
41 **Inter:** *Dazu zählen dann auch Katzen und Hunde?*
42 **Gurmann:** Ja, Hundefleisch ist nur in wenigen Ländern Nahrungsmittel, in den meisten absolut tabu. Haustiere wie Hunde oder
43 Katzen gelten als Teil der Familie. In Deutschland gibt es sogar spezielle Kliniken für Hunde. Es wäre hier ein unglaublicher Skandal,
44 wenn jemand Hunde-oder Katzenfleisch essen würde. Außerdem: In Deutschland und Österreich ist es nicht nur ein Tabu, sondern
45 es ist gesetzlich verboten, Hundefleisch anzubieten oder zu essen.
46 **Inter:** *Wo werden denn Hunde gegessen?*
47 **Gurmann:** Es ist bekannt, dass in mehreren asiatischen Ländern Hundefleisch verzehrt und teilweise auch in Restaurants ange-
48 boten wird. Hundefleisch gilt in diesen Ländern als Spezialität und wird zu hohen Preisen verkauft. Zahlreiche Menschen in diesen
49 Ländern lehnen den Verzehr von Hunden jedoch generell ab.
50 **Inter:** *Sind das denn dort keine Haustiere?*
51 **Gurmann:** Weniger als bei uns. Sie werden eben wie bei uns Rehe, Schweine, Schafe als Fleischlieferanten angesehen.
52 **Inter:** *Welche Tiere werden außerdem als Nahrung tabuisiert?*
53 **Gurmann:** Interessant sind Insekten. Die Mehrheit der Europäer und Nordamerikaner ekelt sich vor Insekten, es reicht ja, wenn sie

Hörtexte

1 von ihnen nur berührt werden. Völlig undenkbar ist das Essen von Heuschrecken, Spinnen oder Bienen.
2 **Inter** *Und wo werden Insekten verspeist?*
3 **Gurmann:** In ganz Asien hat man damit keine Probleme, auch nicht in Australien oder Mexiko. Warum das so ist, ist weitgehend
4 ungeklärt. Es gibt für Insektentabus keine befriedigende wissenschaftliche Erklärung.
5 **Inter:** *Wo gibt es denn die meisten Nahrungstabus?*
6 **Gurmann:** In den USA und in Europa.
7 **Inter:** *Und die wenigsten?*
8 **Gurmann:** In asiatischen Ländern.
9 **Inter** *Interessant. Wie erklären Sie sich das?*
10 **Gurmann:** Vielleicht ist das eine Folge des Wohlstands, dass man in Europa und den USA so viele Nahrungstabus kennt. Wer es
11 sich leisten kann, auf gewisse Nahrungsmittel zu verzichten, tut dies auch. Was nicht mehr gegessen wird, gilt dann mit der Zeit als
12 eklig und wird zum Tabu. Wer es sich nicht leisten kann, isst eben auch Insekten. In der Not frisst der Teufel Fliegen, heißt es ja.
13 **Inter** : *Eine letzte Frage: Haben Sie einen Hund?*
14 **Gurmann:** Ja, einen Labrador.
15 **Inter:** *Oh, wie schön! Ich hoffe, der kommt heute Abend nicht in den Kochtopf, wär doch schade ...*

Kapitel 3

Um welche Gefühle geht es? (S. 30)

Text 1

16 **Er:** Wo warst du?
17 **Sie:** Bei einer Freundin. Warum?
18 **Er:** Bei welcher Freundin?
19 **Sie:** Bei Marion war ich. Warum fragst du?
20 **Er:** So. Also, du warst bei Marion. Den ganzen Abend.
21 **Sie:** Ja, sag ich doch.
22 **Er:** Du lügst, du lügst. Ich habe zufällig bei Marion angerufen. Da warst du nicht. Sie hat dich heute gar nicht gesehen. Weißt
23 du was? Ich glaube, deine Marion heißt José.
24 **Sie:** So ein Quatsch. Du spinnst doch.
25 **Er:** Gib es zu. Es ist José. Gib es doch endlich zu, verdammt noch mal.

Text 2

26 **A:** Du, guck mal, da kommt ein Kontrolleur. Hast du 'ne Fahrkarte?
27 **B:** Klar, ich fahre nie schwarz, aus Prinzip.
28 **C:** Siehst du den Typen drei Reihen vor uns, wie der sich umschaut. Der ist doch, ey, der ist doch total nervös. Der hat be-
29 stimmt keine ... Der ist dran. Geil eh, geschieht ihm recht. Macht 20 Euro, Alter he, he, he.

Text 3

30 Wunderbar dieses Portal »MeinProf.de«. Gut, dass man die Professoren bewerten kann. Die bewerten mich ja auch! Prüfung nicht
31 bestanden. Das bedeutet für mich, ein halbes Jahr ist verloren, vorbei, umsonst. Mist! So eine Frechheit! Wochenlang habe ich
32 gelernt, und dann kommt dieses A... –
33 Also, dann wollen wir mal. Name: Professor Meyer: Fach: Jura, Universität: Georg-August-Universität Göttingen. Vor-
34 bereitung der Vorlesung: 5. Verständlichkeit: 5, Fairness: 5, Unterstützung bei Problemen: 5. So mein Freund!
35 Und hier noch mein Kommentar: Prof. Meyer erschien meistens zu spät zur Vorlesung, hatte erkennbar überhaupt keine Lust und
36 interessierte sich nicht dafür, ob wir Studenten etwas verstanden hatten. So, und jetzt die Bewertung absenden. Fertig. Ha!

Text 4: Der Wunsch des Media-Managers (S. 31)

2 Es waren einmal zwei Manager von zwei großen Konzernen, die die gleichen Produkte verkauften: Computer, Fernsehen, Handys
3 und alle elektronischen Artikel, die man sich vorstellen konnte. Die Filialen der beiden Konzerne lagen in der gleichen Straße direkt
4 gegenüber. Jeder der beiden Manager wollte besser sein als der andere und mehr verkaufen als der andere. Und so schickten beide
5 jeden Morgen Spione in den Laden des anderen. Die Spione sollten herausbekommen, wie teuer die Produkte des anderen waren,
6 denn die Preise wechselten jeden Tag. Die Spione sollten außerdem berichten, ob es neue Produkte in dem Laden der anderen Fir-
7 ma gab. Sobald die Spione zurück waren, versuchten die beiden Manager, noch günstigere Preise als der andere anzubieten, und
8 kauften noch bessere Produkte ein als der Konkurrent. Wenn im Fernsehen ein neuer, bunter, witziger und schriller Werbespot des
9 Konkurrenten erschien, überlegte der andere, wie er einen noch bunteren, witzigeren und schrilleren Werbespot machen konnte.
10 Die beiden Manager haben niemals miteinander gesprochen, ja, wahrscheinlich haben sie sich nie gesehen. Und dennoch dachte
11 jeder jeden Morgen, wenn die Spione wieder zurückkamen: »Ha, dir werde ich es zeigen. Es kann nur einen geben!«

Hörtexte

So ging dies einige Jahre, bis eine gute Fee zu dem einen Manager kam und sagte, er habe einen Wunsch offen, der ihm sogleich erfüllt werde. Er könne sich alles wünschen: Reichtum für sich selbst, Erfolg im Geschäft oder Glück für seine Kinder. Was immer er sich wünsche, er werde es erhalten. Allerdings – der Händler von gegenüber erhalte das Doppelte.

Der Händler dachte lange nach. Dann sagte er zu der guten Fee: »Ich bin doch nicht blöd: Ich wünsche mir, dass ich auf einem Auge blind werde.«

Die Fehler des Spitzels

Hallo, hören Sie mich? Ich bin hier bei Nocturn. Gut, dass ich noch mal hingegangen bin. Beim ersten Mal war ja alles sehr hektisch. Ich hab das noch mal überprüft. Haben Sie meine Liste? Mit den neuen Produkten und Preisen, die Nocturn heute im Angebot hat? – Gut. Ich muss einige Sachen korrigieren und ergänzen.

Das fängt gleich beim ersten Eintrag an. Das Diephone ist kein Tablet-Computer, sondern, wie der Name schon sagt, ein Handy. Das Modell bei dem LED-Fernseher heißt Schwarzes Loch Q 3C 279, ja, – nein, das ist kein Witz. Ja, ich weiß, das ist ein langer Name ist. Was? Nein 279, nicht 379. Wir sollten den auch bestellen. Die Leute stehen da Schlange vor dem Gerät. Ein Megaseller!

Das Autoradio Soundcrash kostet bei Nocturn nicht 164,50. Für den Preis würden Sie da nichts von verkaufen, sondern sage und schreibe 64,50. Ja, genau. Einen Hunderter weniger. Das ist der Hammer! Ich weiß nicht, ob wir das machen können. Das ist ja weit unter dem Einkaufspreis. Na ja, das müssen Sie entscheiden.

Bei dem Flunder-Notebook ist so weit alles ok. Aber bei dem Pixelwunder F-XSL stimmt die Produktnummer nicht ganz. – Genau, bei der Digitalkamera. Es ist nicht das FG-Model 561 sondern das HGL-Modell 983. Ja, – ich wiederhole nochmal die ganze Nummer: EOS86HGL983. Den Preis hatte ich beim ersten Mal schon richtig, 318,40.

So am Schluss hatte ich wirklich nicht mehr viel Zeit. Da kam dann der Typ, den Nocturn auf Spione angesetzt hat. Also der neue MP3-Player heißt nicht Rama wie die Margarine, sondern Melodrama. Ja, genau. Passt besser. Und dann die Produktnummer. Da habe ich in der Eile Buchstaben verwechselt und Ziffern vergessen. Also die Produktnummer lautet WITZ0815110101. Haben Sie alles? Was? Ob ich blind bin? Nein, ich brauche einfach mehr Zeit. Dieses Mal ist bestimmt alles richtig. Ach, da kommt schon wieder dieser ... Ich muss jetzt wirklich Schluss machen ...

Kapitel 4

Der Frosch im heißen Wasser (S. 39)

Das ist ein Frosch. Und das ist ein Gefäß mit heißem Wasser. Wenn man jetzt den Frosch in das heiße Wasser setzt, springt er sofort raus. Logisch, tut ja auch weh.

Setzt man ihn ins kalte Wasser, bleibt er sitzen. Logisch, Frösche mögen kaltes Wasser. Wenn man jetzt die Temperatur aber ganz langsam erhöht, merkt der Frosch das gar nicht. Und wenn das Wasser kocht, dann ist der Frosch schon tot.

Gesellschaften reagieren ähnlich wie ein Frosch im heißen Wasser. Wenn man sie langsam daran gewöhnt, merken die Menschen Veränderungen gar nicht. In unserer Gesellschaft nimmt zum Beispiel die Überwachung immer mehr zu. Gut ist das nicht, denn jemand der sich beobachtet fühlt, verhält sich anders als jemand, der sich nicht beobachtet fühlt. Jemand, der weiß, dass er vom Staat beobachtet oder sogar gefilmt wird, wird wahrscheinlich nicht – oder nicht so oft – öffentlich seine Meinung sagen oder auf Demonstrationen gehen. Das schränkt die Meinungsfreiheit und die Versammlungsfreiheit ein. Die Menschen passen sich dann immer mehr und nach und nach an. Sie verhalten sich dann so, wie man es von ihnen erwartet. In einer Gesellschaft würden so die Andersdenkenden irgendwann aussterben.

Deshalb sollten wir ab und zu mal einen Blick auf das Thermometer werfen und schauen, wie heiß das Wasser schon für uns ist.

Was Facebook alles weiß (S. 43)

Das ist Max. Er hat sich bei Facebook angemeldet. Bei Facebook hat Max 234 Freunde. Im Sommer 2011 wollte Max herausfinden, was Facebook über ihn weiß. Deswegen hat er Facebook gebeten, ihm alle Daten zu schicken, die das Netzwerk über ihn gespeichert hat. Dieses Recht haben alle Europäer, denn Facebook hat einen europäischen Sitz im irischen Dublin. Es hat eine Weile gedauert, dann schickte Facebook Max eine CD mit 1222 PDF-Seiten.

Max war überrascht, wie viel Facebook über ihn und seine Freunde weiß. Jeder Kommentar, jede Nachricht, alles, was er gepostet hat, hat Facebook gespeichert. Aber nicht alles hat Facebook ihm geschickt. Zum Beispiel welche »Likes« Max angeklickt hat. Diese Informationen bezeichnet Facebook als »Geschäftsgeheimnis«. Max war noch mehr überrascht, als er in den 1222 Seiten Nachrichten fand, die er schon gelöscht hatte. Auf den Seiten war zwar bei seinen Mails verzeichnet: »deleted true«, also gelöscht, aber in Wirklichkeit hat Facebook sie noch gespeichert. Facebook hebt seine Nachrichten auch dann auf, wenn er sie schon gelöscht hat. Löschen bei Facebook, sagt Max, sei eine Illusion.

Facebook sammelt alle Nachrichten von Max, sammelt Schlagwörter und wertet sie aus. Zum Beispiel: Welche Wörter verwendet Max wie häufig in seinen Nachrichten? Was genau Max' seinen Freunden schreibt, kann für die Werbung interessant sein. Damit verdient Facebook Geld. Es könnte aber auch die Polizei oder Geheimdienste interessieren, oder Hacker. »Ich« und »Du« sind nicht so interessant, aber vielleicht »Malaysia« für die Werbung einer Fluggesellschaft oder »Demo« und »Kuba« für Dienste, die sich für politische Ansichten interessieren.

Das Netzwerk weiß auch genau, wann Max Nachrichten schreibt, wann er sich einloggt und wie lange er sich auf Facebook aufhält

Hörtexte

31 – sekundengenau. Die roten Striche dokumentieren, wann Max eine Nachricht geschrieben hat.
32 Tag für Tag wird so ein Protokoll über Max' Internet-Gewohnheiten erstellt.
33 Das Netzwerk kennt natürlich auch Max' Freunde, wie gesagt 234. Facebook erstellt ein Netzwerk der Verbindungen der Freunde.
34 Es kann unterscheiden zwischen weiblichen Freunden – die blauen Punkte – und männlichen, die gelben. Man sieht: Max hat mehr
35 männliche als weibliche Freunde.
36 Über Max' Freundin Lisa weiß Facebook noch viel mehr, weil Lisa Fotos mit ihrem Iphone gemacht hat und bei Facebook veröffent-
37 licht hat. Das Iphone speichert Fotodaten: Zeit und Ort der Aufnahmen, Kameramodell. Aus den Fotodaten lässt sich an den GPS-
38 Koordinaten feststellen, wo Lisa wann gewesen ist. Max glaubt nicht, dass Lisa diese Daten Facebook zum Speichern überlassen
39 möchte.
40 Facebook hat riesige Hallen, in denen riesige Server stehen, die alles speichern. Wofür und für wen?

Kapitel 5

1 **In der Ferne liegt mein Glück (S. 56)**
2 **Moderator** Fernbeziehung – das klingt sehr technisch. Hinter diesem kalten Wort verbirgt sich Liebe, Glück und Leidenschaft – aber
3 dosiert, meistens zu kurz, und immer zu lang die Pausen. Es werden immer mehr, die in einer solchen Beziehung leben. Auch das ist eine
4 Facette der Globalisierung. Wir möchten uns in dieser Sendung mit dieser speziellen und schwierigen Form der Liebe mit Betroffenen
5 unterhalten. Dafür haben wir unser Hörertelefon freigeschaltet unter der Nummer 0800 41 32 32 41. Sie können uns auch eine SMS
6 oder E-Mail schicken. fernes-glück@lhalitradio.de
7 Im Studio darf ich unsere Expertin, Frau Prof. Kleefeld, begrüßen. Frau Kleefeld hat ein Buch über Fernbeziehung geschrieben. So, un-
8 sere erste Hörerin, Frau Helmer, bitte schön.
9 **1. Hörerin** Mein Freund ist Tunesier, und wir sehen uns gerade mal drei Mal im Jahr. Ich bin dann in Tunesien für 14 Tage, höchs-
10 tens drei Wochen. Ich bekomme zwar ein bisschen was von seinem Alltag mit, aber er von meinem gar nichts. Er beklagt sich auch
11 darüber, dass er so gut wie nichts weiß, wie ich lebe, was ich mache. Er kann sich das auch schlecht vorstellen, wenn ich ihm etwas
12 erzähle.
13 **Experte** Ja, der Alltag fehlt in der Fernbeziehung. Das kann natürlich auch positiv sein. Aber in der Regel ist es für eine Beziehung
14 ein Mangel, wenn man nicht die alltäglichen Sorgen und Freuden teilt. Ich empfehle Ihnen: Sprechen Sie über Ihren Alltag, auch
15 über banale Dinge, über Kleinigkeiten, worüber Sie sich gefreut haben oder geärgert haben. So etwas. Ja, und dann sollten Sie vor
16 allen Dingen berichten, wenn Sie Probleme haben. Ihr Partner spürt das am Telefon, und er fragt sich: Warum ist sie so? Was hat
17 sie? Er denkt dann, er habe Schuld, wenn er die wahren Ursachen nicht kennt.
18 **Moderator** Unser zweiter Hörer hat eine Freundin in Finnland, Herr Schrader, was möchten Sie uns berichten?
19 **2. Hörer** Für mich ist die Trennung immer am schwersten. Ich sage zwar zu meiner Freundin: »Weine nicht, die Zeit geht ja schnell
20 vorbei!«. Aber innerlich heule ich auch.
21 **Experte** Versuchen Sie mal Folgendes. Wenn Sie sich trennen, verabreden Sie sich für das nächste Mal. Machen Sie einen festen
22 Termin ab, wann Sie sich das nächste Mal wiedersehen. Zum Beispiel: Heute in drei Wochen, am 24. Mai. Sie können auch Besuchs-
23 pläne für das ganze Jahr aufstellen. Fernbeziehungen brauchen Pläne; man kann sich an Ihnen festhalten.
24 **Moderator** Herr Laske ist ein sogenannter Zurückgebliebener. Herr Laske, wo ist Ihre Freundin gerade?
25 **3. Hörer** Guten Abend, meine Freundin macht ein Auslandssemester in Argentinien, und ich bin hier in Dortmund.
26 **Moderator** Was ist Ihr Problem?
27 **3. Hörer** Ja, wenn wir telefonieren, erzählt sie mir etwas von ihren tollen Freunden, das die ganz anders sind als die Deutschen. Na
28 ja, das ist für mich schon etwas merkwürdig, als Deutscher meine ich ...
29 **Experte** Wenn Ihre Freundin etwas von ihren Freunden erzählt, besteht kein Grund zur Beunruhigung. Gefahr droht von Freun-
30 den, von denen sie nichts erzählt. Aber grundsätzlich muss ich sagen: Eifersucht und Fernbeziehung vertragen sich nicht mitein-
31 ander. Wenn Sie über einen längeren Zeitraum merken, dass Sie eifersüchtig sind, sollten Sie die Beziehung beenden. Sie ersparen
32 sich viel Stress!
33 **Moderator** Frau Gläser, bei Ihnen spielt die Eifersucht keine Rolle?
34 **4. Hörerin** Nein, ich habe vollstes Vertrauen zu meinem Freund. Ne, ... unvorstellbar, dass er ... Ich habe ein anderes Problem: Mein
35 Freund wohnt in den USA. Wir müssen beide damit klarkommen, dass jedes Wiedersehen sehr teuer ist.
36 **Experte** Fernbeziehungen können sehr teuer sein, keine Frage. Insbesondere dann, wenn Sie sehr weit voneinander entfernt leben
37 wie Sie. Sie müssen klare Absprachen treffen: Wer kann wie viel bezahlen? Was ist eine gerechte Aufteilung der Kosten? Überlegen
38 Sie, ob es vielleicht sinnvoll ist, ein gemeinsames Reisekonto einzurichten.
39 **4. Hörerin** Ein Reisekonto?
40 **Experte** Ja, jeder zahlt pro Monat einen festen Betrag auf ein Extrakonto ein. Und von diesem Geld werden dann Ihre Reisen in die
41 USA und seine nach Deutschland bezahlt.
42 **Moderator** Frau Höhle hat uns eine SMS geschrieben: Sie schreibt: »Das größte Problem bei Fernbeziehungen ist die Sehnsucht. Und
43 die beginnt bei mir 5 Minuten nach dem Abschied und endet erst beim Wiedersehen.«
44 **Experte** Gegen Sehnsucht hilft nur, dass man irgendwie ständig in Verbindung ist. Kurze Anrufe, lange Telefongespräche, SMS,

Hörtexte

45 Facebook, Briefe usw. Kleine Päckchen mit Geschenken verschicken. Gegen die Sehnsucht brauchen Sie unbedingt Rituale: der
46 tägliche Anruf, abends die SMS zum Einschlafen, morgens zum Aufwachen.
47 **Moderator** Das ist ja mehr Aufmerksamkeit als in einer normalen Beziehung, in einer Nahbeziehung ... Frau Meinecke, bitte schildern
48 Sie Ihr Problem.
49 **5. Hörerin** Mein Freund kommt aus Russland. Er spricht ein bisschen Deutsch und Englisch, ich überhaupt kein Russisch. Wir
50 unterhalten uns meistens auf Englisch, was wir beide aber auch nicht so gut können.
51 **Experte** Hier muss ich klar sagen, auch wenn es hart klingt: Das geht gar nicht! Sie müssen Russisch lernen und er Deutsch. Sie
52 brauchen eine gemeinsame Sprache, in der Sie sich verständigen können.
53 **5. Hörerin** Aber Russisch ist sehr schwer.
54 **Experte** Deutsch für Ihren Freund auch. Liebe ist manchmal anstrengend, ja, klar!
55 **Moderator** Zum Schluss unserer Sendung, Herr Friedemann. Herr Friedemann, was möchten Sie uns mitteilen?
56 **6. Hörer** Guten Abend, meine Freundin macht auch zwei Auslandssemester in Spanien. Ich habe bemerkt, dass wir, seitdem sie
57 in Spanien ist, nicht so offen miteinander sind. Wie soll ich sagen: Früher haben wir Probleme offen angesprochen, also wenn uns
58 etwas an dem anderen nicht gefällt oder wir unterschiedliche Meinungen haben. Jetzt aber habe ich Angst davor, Probleme anzu-
59 sprechen. Am Telefon ist das schlecht, und wenn wir uns sehen, hat man auch keine Lust, die kurze Zeit mit Streit zu verbringen.
60 **Experte** Ich kann Ihnen nur raten, und das gilt für jede Beziehung, ob fern oder nah: Sprechen Sie Probleme an, reden Sie über
61 Schwierigkeiten in der Beziehung, unterdrücken Sie keinen Streit. Wenn Sie nicht offen miteinander umgehen, bedeutet das Miss-
62 trauen – und das ist meistens das Ende.
63 **Moderator** Ja, und das ist nun auch das Ende der Sendung. Ich bedanke mich bei allen Beteiligten ganz herzlich.

1 ## Liebeslieder (S. 60)
2 **Inter** Kraus, Sie haben Liebeslieder von früher und von heute untersucht. Was wollten Sie herausfinden?
3 **Kraus** Meine These war, dass populäre Musik zeigt, welche Vorstellungen eine Gesellschaft über Liebe hat, was Liebe in einer
4 bestimmten Zeit bedeutet.
5 **Inter** Welche Lieder haben Sie untersucht?
6 **Kraus** Ich habe 136 deutschsprachige Lieder analysiert, und zwar aus zwei Zeiträumen. Einmal Lieder aus den Jahren 1967 bis
7 1970 und dann Lieder aus den Jahren 2001 bis 2005. Die Lieder stammen alle aus den Charts, also der deutschen Hitparaden der
8 untersuchten Jahre.
9 **Inter** Wie hat sich in den vergangenen 40 Jahren die Vorstellung von Liebe in den Liedern verändert?
10 **Kraus** Die Liebeslieder heute gehen sehr viel ernsthafter mit der Liebe um. Das merkt man daran, dass auch die negativen Seiten
11 thematisiert werden: Liebe ist nicht nur schön, macht zufrieden und glücklich. Nein, Liebe ist auch mit Trennung und Schmerz
12 verbunden. Ich habe in den neuen Liebesliedern sehr viele Lieder gefunden, in denen es um Liebeskummer geht. Das gab es früher
13 überhaupt nicht.
14 **Inter** Bedeutet das, dass früher weniger über das Scheitern von Liebe gesungen wurde?
15 **Kraus** Ja, in den erfolgreichen Hits fast gar nicht. Liebe war damals in den Liedern ohne Probleme, alle waren glücklich und im
16 siebten Himmel, und zwar bis in alle Ewigkeit. Wir empfinden das heute vielleicht als Kitsch, gerade weil heute eben über Liebe
17 auch ganz anders gesungen wird – manchmal sogar so, als sei Liebe die Hölle.
18 **Inter** Was haben Sie noch herausgefunden?
19 **Kraus** Ja, in den neuen Liebesliedern wird immer betont, wie wichtig es ist, dass der Liebespartner Schutz, Geborgenheit und
20 Sicherheit bietet. Das, das war früher nur sehr selten ein Thema.
21 **Inter** Ihre These ist, dass die Liedtexte Veränderungen in der Gesellschaft widerspiegeln.
22 **Kraus** Ja, ich glaube, dass in den 60er und 70er Jahren eine stabile Partnerschaft ganz normal und selbstverständlich war. Eine feste
23 Liebesbeziehung gehörte einfach zum Leben dazu und brauchte nicht problematisiert werden. Heute ist viel offensichtlicher, dass
24 Liebe auch scheitern kann. Zum Beispiel gibt es in Deutschland sehr viele Ehescheidungen.
25 **Inter** Sie haben gesagt, dass in den heutigen Liebesliedern sehr oft Schutz und Geborgenheit vom Partner gefordert wird. Wie erklären
26 Sie sich das?
27 **Kraus** Wir wissen aus Untersuchungen, dass viele Menschen in den westlichen Gesellschaften die soziale Sicherheit und Ori-
28 entierung verloren haben. Da ist zunächst die Familie: Die Familie bietet heute nur noch selten Schutz, jedenfalls selten für das
29 ganze Leben. Und auch soziale Gemeinschaften, wie z.B. Gewerkschaften, politische Parteien oder Nachbarn spielen eine immer
30 geringere Rolle für die Menschen. Aus diesen Gründen wird nun der Partner extrem wichtig. Er ist wie ein Anker in einer Welt,
31 die nicht mehr stabil ist, und wo man nicht mehr weiß, was die Zukunft bringen wird. Die Partnerschaft hat heute also einen viel
32 höheren Wert als früher.
33 **Inter** Werden dadurch nicht zu hohe Ansprüche an den Partner gestellt?
34 **Kraus** Ja, das ist möglich. Zumindest in den Liedern, also an den Texten, merkt man schon, dass hier viel, manchmal wirklich sehr
35 viel vom Partner erwartet wird. Man selber ist bereit, viel zu geben, na ja, man erwartet dann vom Partner eben auch entsprechend

Hörtexte

36 viel zurück. Und wenn man enttäuscht ist, besingt man seinen Schmerz. /
37 **Inter** *Haben Sie dafür mal ein Beispiel?*
38 **Kraus** Ja, in einem sehr erfolgreichen Lied von Herbert Grönemeyer heißt es:
39 Ich brauch niemand, der mich quält
40 Niemand, der mich zerdrückt ...
41 Niemand, der nie da ist
42 Wenn man ihn am nötigsten hat
43 Wenn man nach Luft schnappt, auf dem Trocknen schwimmt.
44 **Inter** *Ich bedanke mich für das Gespräch.*

Kapitel 6

Das Ultimatum-Spiel (S. 65)

1 **A:** *Sie haben das Ultimatum-Spiel mit echtem Geld mit Hunderten von Versuchspersonen gespielt. Wie viel Geld wollten denn die*
2 *Geldbesitzer so durchschnittlich abgeben.*
3 **B:** Die meisten Spieler bieten ungefähr die Hälfte an, zwischen 40 und 50 Euro bieten die meisten ihren Partnern an. Das ist doch
4 sehr erstaunlich. Und es ist völlig egal, ob dieser Versuch in New York, Tokio oder Rio de Janeiro durchgeführt wird. Nur wenige
5 bieten 20 Euro oder weniger an.
6 **A:** *Interessant ist ja auch, wie Spieler 2 auf die Angebote reagiert.*
7 **B:** Ja, in der Tat. Man muss sich ja Folgendes klarmachen: Wenn Spieler 2 ablehnt, hat er überhaupt nichts davon. Spieler 2 könnte
8 also denken: Auch wenn nun Spieler 1, sagen wir: 5 Euro anbietet, so ist das doch besser als nichts, also akzeptiere ich das Angebot.
9 Doch genau so denken die meisten eben nicht. Normalerweise lehnt Spieler 2 alle Angebote ab, die unter 30 Euro liegen.
10 **A:** *Tatsächlich? Das ist aber nicht besonders klug.*
11 **B:** Sagen wir so: Es ist eine Strafe für ein unfaires Angebot. Die meisten sind da sehr empfindlich. Sie denken: Lieber will ich kei-
12 nen Cent haben, als ein so unfaires Angebot annehmen. In gewisser Weise sorgt so ein Verhalten dann für Fairness und gerechte
13 Kooperation bei dem Spiel.
14 **A:** *Das müssen Sie genauer erklären. Meinen Sie, dass so ein, ich finde: boshaftes Verhalten positiv ist? Im Alltag würden wir ja einen*
15 *Menschen, der sagt, ich möchte lieber gar nichts haben als weniger als andere, nicht sehr positiv beurteilen.*
16 **B:** Positiv oder negativ, das will ich nicht beurteilen. Interessant sind doch die Gründe für die Angebote von Spieler 1. Ich glaube
17 Spieler 1 rechnet damit, dass sein Partner alles ablehnt, was nicht fair ist. Er weiß, da sitzt jemand, der bestraft mich, wenn ich gierig
18 bin.
19 **A:** *Sie haben das Experiment in verschiedenen Ländern und Kulturen durchgeführt. Zeigten sich überall die gleichen Ergebnisse?*
20 **B:** Ja, es gab keine Unterschiede, weder in Bezug auf Geschlecht, Alter, soziale Schicht noch Bildung oder die Fähigkeit zu rechnen.
21 Das Verhalten der Spieler scheint universell gültig zu sein.
22 **A:** *Vielen Dank für das Interview. Ich biete Ihnen 3,56 € dafür.*
23 **B:** Was?? Das ist ja total unfair! Sofort löschen! Das Interview wird nicht gesendet.
24 **A:** *Na gut, 5,45*
25 **B:** Gebongt!

Kapitel 7

Körpersprache von Frauen und Männern (S. 77)

1 Verehrte Zuhörerinnen und Zuhörer,
2 eigentlich könnte man glauben, dass im gleichen Kulturkreis die Körpersprache aller Menschen auch gleich ist. Aber das stimmt
3 überhaupt nicht. Es gibt große Unterschiede, und die größten Unterschiede gibt es zwischen Männern und Frauen.
4 Sicherlich, wenn ich Ihnen im Folgenden diese Unterschiede nenne, sind das Generalisierungen. Wahrscheinlich haben Sie wäh-
5 rend Ihres Aufenthalts in Deutschland schon Frauen und Männer kennengelernt, auf die das alles nicht zutrifft, was ich Ihnen gleich
6 erzähle. Aber aufgrund zahlreicher Studien zur Körpersprache kann man doch sagen, dass diese Unterscheidungen in den meisten
7 Fällen zutreffen.
8 Ich beginne mit den Unterschieden in der Gestik und Mimik. Man sagt, Frauen haben eine große Mimik und eine kleine Gestik,
9 und bei Männern ist das umgekehrt: Die haben eine große Gestik und eine kleine Mimik.
10 Was bedeutet das? Die Mimik von Frauen ist ausdrucksstark. Frauen lächeln öfter – auch wenn sie sich nicht freuen – sie lassen in
11 ihrem Gesicht erkennen, was sie denken und fühlen. Sie nutzen ihre Mimik, um Botschaften an andere zu senden. Anders beim
12 Mann. Männer zeigen weniger Gefühle in ihrem Gesicht, ihre Mimik wirkt neutral bis distanziert, also zurückhaltend. Sie lächeln
13 weniger, und wenn sie lächeln, glaubt man, oh, das ist ein bisschen ironisch oder gar spöttisch.

Hörtexte

14 Hingegen ist ihre Gestik, wie gesagt, groß. Männer unterstreichen ihre Worte mehr mit Händen und Füßen, sie verschränken die
15 Hände hinter dem Kopf und stemmen die Hände in die Hüften. Das sind alles Gesten und Körperhaltungen, die Dominanz und
16 Kontrolle ausdrücken. Und natürlich, mancher Mann möchte genau das auch demonstrieren.
17 Frauen hingegen habe eine »kleine« Gestik. Das bedeutet zunächst, dass sie viel weniger Gesten verwenden. Man kann die Unter-
18 schiede auch beim Sitzen und Stehen erkennen. Frauen haben eine schmale, zurückgenommene Körperhaltung. Zurückgenommen,
19 oder man kann auch sagen: eine defensive Körperhaltung. Bei Männern ist die Körperhaltung offener und breiter, also doch viel
20 offensiver. Bei ihnen hat man den Eindruck, sie brauchen und beanspruchen mehr Raum als Frauen.
21 Es gibt einen weiteren, kleineren, aber sehr interessanten Unterschied, und zwar in der Kopfhaltung. Vielleicht ist es Ihnen ja schon
22 mal aufgefallen – bei sich selbst, meine Damen – oder bei anderen Frauen: Frauen neigen den Kopf oft zur Seite! Wissenschaftle-
23 rInnen bestätigen, dass die seitliche Kopfhaltung bei Frauen wesentlich häufiger vorkommt als bei Männern. Ja, und sie haben auch
24 nachgewiesen, dass diese Kopfhaltung von beiden Geschlechtern, Männern und Frauen, unterschiedlich bewertet wird.
25 Als Untersuchungsobjekt diente ein Bild von Pablo Picasso. Das Gemälde zeigt ein Paar, das sich verliebt ansieht. Die Kopfhaltung
26 des Mannes ist aufrecht; der Kopf der Frau dagegen etwas geneigt. Der seitlich geneigte Kopf wurde bei allen männlichen und
27 weiblichen Versuchspersonen als positiv beurteilt. Die Frau auf dem Gemälde wirke demütig, lieb, weich, zärtlich, freundlich usw.
28 – so sahen überwiegend von beiden Geschlechtern die Kommentare aus. Anschließend hat man Folgendes gemacht: Ein Maler hat
29 das Bild abgemalt, kopiert, aber mit einem Unterschied: Der Kopf der Frau war jetzt nicht mehr seitlich geneigt, sondern gerade,
30 aufrecht. Das Ergebnis: Weibliche Betrachter empfanden die Frau weiterhin als sympathisch, empfindsam und angenehm. Die
31 männlichen Versuchspersonen hingegen sagten, die Frau sei arrogant, unfreundlich, hart, lieblos und distanziert. Sie sehen, Körper-
32 haltungen werden manchmal auch von Männern und Frauen ganz unterschiedlich wahrgenommen und interpretiert.
33 Zum Schluss möchte ich noch auf einen weiteren Unterschied eingehen. Auf den Ausdruck der Augen, auf den Blick.
34 Männer starren öfter. Was ist starren? Beim Starren blickt man jemanden lange, ausdruckslos und ohne Lidschlag an. Frauen mögen
35 das überhaupt nicht, habe ich mir sagen lassen. Das ist verständlich, denn man kennt das Starren ja vor allem von Schlangen, die
36 ihre Beute fixieren, bevor sie sie fressen! Bei Frauen kann man das Starren selten, eigentlich gar nicht beobachten.
37 Frauen suchen den Augenkontakt mit jemandem, Männer versuchen ihn zu vermeiden. Wenn aber der Augenkontakt hergestellt
38 ist, sind es die Frauen, die ihn als Erste wieder abbrechen.
39 Meine Damen und Herren, dies war ein kleiner Ausschnitt aus den geschlechtsspezifischen Unterschieden in der nonverbalen Kom-
40 munikation. Wahrscheinlich kennen Sie noch viele andere aus Ihrer eigenen Kultur, und vielleicht können Sie auch Gründe nennen,
41 warum es bei Ihnen diese Unterschiede gibt.

Wer kein Deutsch kann, ist klar im Vorteil (S. 83)

1 **Interviewer** *Frau König, wie sind Sie dazu gekommen, über das Thema »Warum stören Handygespräche in der Öffentlichkeit« zu*
2 *forschen?*
3 **König** Meine persönliche Erfahrung. Es hat mich schon als Studentin unglaublich genervt, wenn jemand neben mir eine Unterhal-
4 tung am Mobiltelefon führt. Ich habe im Bus gesessen und versucht, Texte für meine Seminare zu lesen, und konnte mich einfach
5 nicht konzentrieren. Gleichzeitig habe ich mich im Studium mit den Themen Aufmerksamkeit und Konzentration beschäftigt und
6 entwickelte dann so mein Forschungsprojekt.
7 **Interviewer** *Was haben Sie herausgefunden?*
8 **König** Lassen Sie mich zuerst etwas erklären. Es gehört zu den gesicherten Erkenntnissen der Psychologie, dass wir unsere Aufmerk-
9 samkeit aufteilen. Wir können uns unmöglich auf alles konzentrieren, was um uns herum passiert. Also setzen wir Prioritäten. Neu-
10 es, Überraschendes, Unkalkulierbares erregt unsere Aufmerksamkeit, wir hören hin, schauen hin. Aber wenn etwas bekannt oder
11 vorhersehbar ist, ignorieren wir es. Wenn wir zum Beispiel an einer lauten U-Bahn-Linie wohnen, dann ist das anfangs schlimm,
12 weil wir uns jedes Mal erschrecken, also aufmerksam werden, wenn ein Zug vorbeirast. Aber nach einer bestimmten Zeit schalten
13 wir ab, wie man sagt. Wir nehmen es dann nicht mehr bewusst wahr, und wir können mit einer anderen Tätigkeit fortfahren, die
14 unsere Aufmerksamkeit fordert. So, und mit den Handygesprächen ist es wie mit der U-Bahn am Anfang. Bei diesen Halbalogen ...
15 **Interviewer** *Halbaloge? Das müssen Sie erklären!*
16 **König** Halbaloge sind Gespräche, die wir nur zur Hälfte, also halb, hören. Deswegen Halb-alog und nicht Di-alog. Also ty-
17 pischerweise Telefongespräche, wo wir den anderen Gesprächspartner nicht hören. Sehen Sie, und genau das ist das Pro-
18 blem! Bei einem Dialog können wir dem ganzen Gespräch folgen, und wir können meistens auch vorhersagen, was der an-
19 dere antworten oder fragen wird. Wir können also weghören und uns auf andere Sachen konzentrieren. Dialoge sind also
20 vorhersehbar, Halbaloge aber nicht, sie sind unvorhersehbar. Ein Teil des Gesprächs bleibt gewissermaßen im Dunkeln.
21 So, und weil das so ist, versuchen wir, die Pausen aufzufüllen. Was könnte der andere jetzt antworten? Welche Frage hat er denn
22 gestellt? Wie alt mag der unsichtbare und unhörbare Gesprächspartner sein usw. Wir sind neugierig, und zwar gezwungenermaßen
23 neugierig, wir können uns nicht dagegen wehren. Wir müssen zuhören. Und das verlangt einen großen Teil unserer Aufmerksam-
24 keit, die dann für anderes nicht mehr vorhanden ist. Die Ungewissheit ist wie ein Magnet, der unsere Aufmerksamkeit anzieht.
25 **Interviewer** *Also, habe ich Sie da richtig verstanden: Es nützt nichts, wenn wir uns sagen: Dieses Geschwätz interessiert mich nicht.*
26 *Lass die doch reden ...*
27 **König** Nein, ob wir wollen oder nicht, wir versuchen, das halbgehörte Gespräche zu ergänzen.
28 **Interviewer** *Was schlagen Sie vor? Würden Sie denn aufgrund Ihrer Studie empfehlen, dass an viel mehr öffentlichen Orten das Telefo-*

Hörtexte

29 nieren mit dem Handy verboten werden sollte? Etwa wie beim Rauchverbot?
30 **König** Ja, das ist die eine Möglichkeit. Das Problem ist aber, das wirklich durchzusetzen. Wer kontrolliert das? Gibt es Strafen? – Sehr
31 schwierig! Ein anderer Vorschlag wäre es, die Gespräche auf den Lautsprecher umzustellen, damit man das ganze Gespräch hören kann.
32 **Interviewer** Sie scherzen. Das wäre doch die Hölle.
33 **König** Nach unserer Untersuchung könnte das aber helfen. Sicher, es wäre dann natürlich manchmal ein bisschen laut im Bus oder
34 Zug ... Ein Vorschlag, der vielleicht für alle angenehmer wäre, wären Ohrenstöpsel. Die lassen zwar Geräusche durch. Aber man
35 versteht den Inhalt des Gesprächs nicht mehr. Wenn wir nicht wissen, was gesprochen wird, verspüren wir eben auch nicht das
36 Bedürfnis mitzuhören.
37 **Interviewer** Kann man daraus folgern, dass Ausländer, die gar nicht oder nur wenig Deutsch sprechen, sich besser aufs Lesen konzen-
38 trieren können, wenn auf Deutsch telefoniert wird?
39 **König** Ja, die sind eindeutig im Vorteil!
40 **Interviewer** Ich bedanke mich für das Gespräch.

Kapitel 8

Rede von Ismail Yozgat (S. 89)

1 Bismillahi r-rahmani r-ahimi. Im Namen Gottes, des Allerbarmers, des Barmherzigen: Guten Tag an alle. Lieber Präsident, liebe
2 Bundeskanzlerin, liebe Gäste, ich grüße Sie alle in Respekt. Ich bin der, der am 6. April 2006 im Internetcafé den mit einer Kugel im
3 Kopf sterbenden 21-jährigen Halit Yozgat in seinen Armen hielt – ich bin sein Vater, Ismail Yozgat.
4 Zuallererst möchte ich mit meinem ganzen Herzen, das bislang viel getragen hat und noch tragen muss, von hier aus Bundespräsi-
5 dent Wulff unsere Grüße und Verehrung übermitteln. Voller Bewunderung erinnern wir uns an seine Gastfreundschaft. Ich danke
6 ihm. Dank auch an diejenigen, die die heutige Zeremonie gestaltet haben.
7 Ich möchte all jenen Menschen aus Kassel-Baunatal und Umgebung für ihre Mühe danken, die darin bestand, dass sie mir bis heute
8 ein Weiterleben ermöglicht haben.
9 Drei Briefe mit Absender Frau Professor Barbara John erreichten mich. Es ging um die Begräbniskosten und ob wir 10.000 Euro
10 bekommen möchten. Wir als Familie Yozgat möchten das alles nicht haben. Jedoch bitten wir um drei Dinge:
11 Dass die Mörder und ihre Helfer gefangen werden. Mein Vertrauen in die deutsche Justiz war immer vorhanden, von nun an, so
12 hoffe ich, wird es vollkommen sein, Insallah, so Gott will.
13 Zweitens: Mein Sohn Halit Yozgat ist in der Holländischen Straße 82 zur Welt gekommen und in der Holländischen Straße unten
14 im Ladenlokal erschossen worden und gestorben. Wir als Familie möchten die Holländische Straße gerne in Halit-Straße benennen
15 lassen. Wir bitten um Mithilfe.
16 Drittens: Wir möchten, dass im Namen der zehn Verstorbenen eine Stiftung für Krebskranke gegründet wird und alle Preise und
17 Hilfen dorthin geleitet werden.
18 Nochmals: Allen Organisatoren dieses Tages danke ich herzlich.

Kapitel 9

Vorsicht, Einkaufsfalle (S. 91)

1 Meine Damen und Herren, 70 Prozent der Einkäufe sind spontan und ungeplant. 70 Prozent! Dass diese Zahl so hoch ist, verdan-
2 ken wir unseren modernen Supermärkten. Die meisten Kaufentscheidungen werden hier getroffen, hier vor unseren Regalen, an der
3 Fleischtheke, an den Tiefkühltruhen an den Rabattkörben.
4 Meine Damen und Herren, darf ich Ihnen zunächst einmal hier auf dem Plakat ein Schema unseres Supermarkts zeigen. Ich habe
5 hier 7 markante Punkte eingezeichnet, die ich Ihnen bei unserem Rundgang erklären möchte. Diese 8 Punkte sind das Ergebnis
6 langer wissenschaftlicher Forschung, ja richtig, wissenschaftlicher Forschung. Denn am Aufbau eines effektiven Supermarkts sind
7 die verschiedensten wissenschaftlichen Disziplinen beteiligt: Psychologie, Ökonomie, Soziologie, Gehirnforschung, Marketing, In-
nenarchitektur und Anthropologie.
8 So, wenn Sie mir jetzt bitte folgen möchten. Hier gleich am Eingang, die Einkaufswagen. Früher waren die viel kleiner. Aber große
9 Wagen sind effektiver, damit auch der Kunde, der nur ein paar Sachen kaufen will, mehr hineinlegt. So ein großer Wagen und ein
10 Liter Milch und zwei Joghurt dadrin? Der Kunde wird sich sagen, okay, das sieht doch blöd aus, packen wir noch ein paar Sachen
11 dazu. Eine Untersuchung in den USA hat ergeben: Die Leute kaufen 40 Prozent mehr, wenn der Wagen größer ist.
12 So, der Kunde hat seinen Wagen, und jetzt geht's los. Hier ist der Eingangsbereich, unsere zweite Station. Wenn der Kunde den
13 Supermarkt betritt, soll er sich sofort wohl fühlen, damit er in eine Kaufstimmung kommt. Das erreichen wir nicht, wenn wir ein
14 Regal mit Hundefutter aufstellen. Sondern, wie hier, mit Obst, exotischen Früchten, Gemüse und das alles in blaues Licht gehüllt.
15 Wir haben bewusst auch hier große, breite Stände und keine Regale aufgebaut. Das sind Hindernisse, um das Tempo der Kunden
16 zu verlangsamen. Der Kunde kann da nicht einfach durchlaufen. Wir nennen den Eingangsbereich die Bremszone. Die Bremszone

114

Hörtexte

17 hat die Funktion, dass der Kunde die Hektik der Straße nicht mit in den Markt holt und gemütlich durch die Gänge schlendert.
18 Wir verlassen jetzt den Eingangsbereich und kommen jetzt zum Punkt 3, einem typischen Regal. Der Aufbau eines Regals ist beson-
19 ders wichtig. Wir unterscheiden in der Vertikalen die Reckzone, ganz oben, die Sichtzone, hier in der Mitte und die Bückzone
20 unten. Wozu dient diese Einteilung in Zonen? Eine wichtige Funktion ist: Der Kunde soll Dinge kaufen, an die er nicht denkt, er soll
21 auf neue Kaufideen kommen. Wir haben zum Beispiel hier oben in der Reckzone die Zahnpasta, in der Sichtzone die Zahnbürsten
22 und hier unten, in der Bückzone, Zahnseide, Mundwasser usw. Die Zahnpasta kommt in die Reckzone, ganz klar, man braucht
23 Zahnpasta immer, da reckt man sich schon mal. Der Kunde richtet also den Blick nach oben, um die Zahnpasta zu greifen. Und in
24 dem Moment, wo der Kunde sich nach der Zahnpasta reckt, fällt sein Blick automatisch auf die Zahnbürsten in der Sichtzone, und
25 er denkt: Mensch, neue Zahnbürsten kann ich auch mal wieder gebrauchen. Und – zack! – sind Zahnpasta und Zahnbürsten im
Einkaufswagen. Das ist die hohe Kunst des Regalaufbaus, meine Damen und Herren.

26 Was kauft man, wenn man einen Supermarkt betritt, am häufigsten? – Frischwaren, Wurst, Fleisch, Käse, Brot kauft man am häu-
27 figsten. Es wäre ganz falsch, wenn wir diese Abteilungen in den Eingangsbereich bringen würden. Sie sind hier, ziemlich weit hinten.
28 Warum? Damit der Kunde lange Wege geht. Der Kunde sollte, wenn er diese Produkte kaufen möchte, auch an anderen Regalen
29 vorbeikommen und auf neue Kaufideen kommen.

30 Wir arbeiten übrigens hier im Supermarkt sehr viel mit Licht, wie Sie hier an der Fleischtheke sehen können. Das Licht ist hier
31 rötlich, damit Fleisch und Wurst appetitlich und frisch aussehen.

32 Sie werden sicher den leckeren Geruch bemerkt haben, als wir den Markt betreten haben. Nun, hier sind wir an der Quelle. Unsere
33 Backwarenabteilung. Hier wird frisch gebacken, frische Brötchen und Croissants. Kriegen Sie nicht auch schon Appetit? Düfte üben
34 eine geheimnisvolle Macht aus. Sie machen fröhlicher, entspannter und – kauflustiger. Wir wollen nicht nur möglichst viele Bröt-
35 chen verkaufen. Es geht darum, Appetit im Supermarkt zu erzeugen. Wer Appetit hat, kauft mehr! Und der leckere Duft dient auch
noch dazu, dass die Kunden länger hier bei uns bleiben.

36 Bei diesem Regal hier, Nummer 6, möchte ich Ihnen ein weiteres Prinzip des Regalaufbaus verdeutlichen. Sie sehen hier Dut-
37 zende verschiedene Schokoladen. Erinnern Sie sich an die Aufteilung in Zonen? Reckzone, Sichtzone, Bückzone? Wie ha-
38 ben wir die Schokoladen angeordnet? Kann jemand das Prinzip erkennen? (Stimme aus dem Hintergrund: »Die teuersten sind
39 in der Bückzone.«) Was??! Falsch! Total falsch! Genau umgekehrt, mein Herr! Wir sind hier doch nicht in der Gymnastikhalle!
40 Die teuersten kommen in die Sichtzone, damit die Kunden besonders diese Schokoladen kaufen. Die etwas billigeren kommen in die
41 Reckzone und die billigsten, an denen wir am wenigsten verdienen, kommen in die – (Stimme aus dem Hintergrund: »Bückzone!«)
42 Richtig! In die Bückzone. Sie lernen schnell, mein Herr! Die Kunden bücken sich nun mal nicht so gerne. Ein Artikel, der in der
43 Bückzone platziert wird, verkauft sich 30-mal, in der Reckzone 60-mal und in der Sichtzone 100-mal.

44 So, wir sind jetzt an der Kasse. Der Kunde sollte an der Kasse ein bisschen warten. Lassen Sie also, wenn es nötig ist, ein paar Kassen
45 unbesetzt. Das dient dazu, dass der Kunde auch an der Kasse noch kauft, und zwar Produkte, die hier an der Kasse teurer sind. Wir
46 haben nämlich – im Vertrauen gesagt – im Supermarkt die gleichen Produkte viel billiger. He, he, he! Sehen Sie hier, die Regale und
47 Körbe: Zigaretten und Kaugummis für die Erwachsenen und für die Kleinen Süßigkeiten. Wir nennen das »Impulsware«. Man kauft
48 die spontan, impulsiv, zum Beispiel, wenn man an der Kasse wartet und es langweilig wird, und die Kinder anfangen zu nerven.
49 Aber übertreiben Sie nicht mit der Wartezeit an der Kasse! Dann kommt der Kunde nicht mehr.

50 So, wir haben jetzt unseren kleinen Rundgang beendet. Haben Sie noch Fragen …

Meinungen zum Thema »Ladendiebstahl« (S. 94)

1 *Inter* Wir machen eine Umfrage zum Thema »Ladendiebstahl«. Glauben Sie, dass die Zahl der Ladendiebstähle in den letzten Jahren
2 eher zugenommen oder eher abgenommen hat?
3 **Person 1** Zugenommen, auf jeden Fall. Man liest doch so viel darüber.
4 *Inter* Guten Tag, darf ich Sie fragen. Wer stiehlt Ihrer Meinung nach in Geschäften am meisten?
5 **Person 2** Die Jugendlichen, so die 14- bis 18-Jährigen, die klauen am meisten.
6 *Inter* Und Ihre Meinung?
7 **Person 3** Ja, ich denke auch die Jugendlichen, und von denen dann besonders Ausländer, Türken, Russen und so.
8 *Inter* Was glauben Sie, wer stiehlt mehr in Geschäften: Mädchen oder Jungen?
9 **Person 4** Ich würde mal sagen, Jungen, nicht. Mädchen trauen sich, glaube ich, nicht so.
10 *Inter* Was würden Sie Eltern empfehlen, wenn ihre Kinder beim Stehlen erwischt wurden.
11 **Person 5** Wenn mein Sohn stiehlt … Kein Taschengeld, mindestens vier Wochen, Fernsehverbot, ja, und dann würde ich noch das
12 Handy wegnehmen, das wäre die beste Strafe, glaube ich.
13 *Inter* Verzeihung, wir machen eine Umfrage zum Thema Ladendiebstahl. Glauben Sie, dass, wer als Jugendlicher im Laden etwas stiehlt,
14 später kriminell wird?
15 **Person 6** Ja, wenn man da nicht hart durchgreift. Die machen doch immer weiter, und am Schluss rauben die Banken aus.

115

Hörtexte

Kapitel 10

Heimweh – ein Gespräch (S. 105)

Inter Wenn das bittersüße Gefühl Sehnsucht nur noch bitter schmeckt, dann schmerzt es. Und in den meisten Fällen ist dieser Schmerz Heimweh. Der Wunsch, zurückzukehren zum Altbekannten und Vertrauten, wird in einem fremden Land so stark, dass es schmerzt. Unsere drei Gäste kennen alle aus eigener Erfahrung dieses Gefühl, das wie Kopfweh und Bauchweh körperliche Schmerzen bereiten kann. Sonja, Sie sind als Austauschstudentin nach Australien gegangen und hatten auch starkes Heimweh. Gab es bei Ihnen auch körperliche Beschwerden?

Sonja Ja, das kann man wohl sagen. Mir ging es ganz schön schlecht. Eigentlich bin ich gar nicht der Heimweh-Typ. Ich war schon öfter lange im Ausland. Aber dieses Mal hat es mich total erwischt. Es fing schon nach ein paar Tagen an. Mir wurde oft schlecht, ich hatte keinen Appetit mehr, weil ich solche Magenschmerzen hatte, dass ich nichts mehr essen konnte. Ich glaube, dass hat alles was damit zu tun, dass ich in eine WG gezogen bin. Mit meinen Mitbewohners habe ich mich überhaupt nicht verstanden. Da hatte jeder seine eigene Vorstellung von Hygiene, vom Essen, vom Zusammenleben. Das passte gar nicht zusammen.

Inter Lena, Sie haben zwei Auslandssemester an der Universität in Bogotá, in Kolumbien gemacht. Ging es Ihnen auch so wie Sonja?

Lena Also, körperliche Symptome, so Schmerzen, hatte ich nicht direkt. Ich habe in der ersten Zeit schlecht geschlafen, also richtig schlecht. Ich war dann ziemlich schlapp am Tag, überhaupt nicht fit. Was ich bemerkt habe am Anfang, das war wirklich komisch. Viele Dinge, die ich in Deutschland überhaupt nicht mochte, erschienen mir plötzlich ganz anders, viel positiver. Oder zum Beispiel etwas ganz Banales. Ich habe immer eine bestimmte Sorte von Joghurt gegessen. Die gibt es hier in Kolumbien natürlich nicht. Und da habe ich manchmal gedacht, das größte Glück wäre jetzt, wenn ich diesen verdammten Joghurt hätte. Total irre! Das hat relativ lange gedauert, vier, fünf Wochen. In dieser Zeit habe ich mich, wie soll ich sagen, ja, verlassen gefühlt.

Sonja Ja, genau, so ging es mir auch. Diese Gefühl der Verlassenheit, das kenne ich auch. Ich habe mich irgendwie total unsicher gefühlt, überall, an der Uni, in der WG, ja, selbst beim Einkaufen. Ich glaube, dass ich diese Sicherheit, die ich Deutschland habe, am meisten vermisst habe.

Inter Peter, Sie sind Tunnelbauer und sehr oft in Asien unterwegs. Wie ist Ihre Erfahrung mit dem Heimweh-Gefühl?

Peter Also, ich bin manchmal 8 Monate unterwegs. Ich werde meistens von meiner Firma allein geschickt, ich hab keine Kollegen mit auf der Montage. Was Sonja und Tobias gesagt haben, kann ich voll bestätigen. Man muss ständig gegen das Verlassenheitsgefühl ankämpfen. Die Arbeit, die ich mache, ist ziemlich anstrengend und dauerst meistens 10-12 Stunden am Tag. Da hat man nicht viel Zeit, nachzudenken. Aber nach Feierabend fragt man sich dann doch oft: Sag mal, warum machst du das hier eigentlich? Was hat das für einen Sinn? Ein paar tausend Kilometer von deiner Freundin, deinen Freunden und Bekannten entfernt?

[2. Teil] Inter Haben Sie Strategien gegen Ihr Heimweh entwickelt? Welche Tipps können Sie unseren Hörern geben?

Sonja Man muss gerade am Anfang viel unternehmen, die Stadt, die Natur, die Landschaft kennenlernen. Es hilft auch, sich mit Landsleuten zu treffen, um mal wieder die eigene Sprache zu sprechen und über etwas Vertrautes zu reden. Ja, und dann natürlich viel telefonieren nach Hause, mit den Eltern, mit Bekannten. Per Skype geht das ja ganz gut.

Lena Also, da würde ich widersprechen. Ich finde, man sollte gerade am Anfang den Kontakt mit zu Hause nicht so oft suchen. Ich glaube, das ist gar nicht so gut, andauernd zu telefonieren oder zu simsen. Man muss sich auch von zu Hause erst einmal distanzieren und sich sagen: So, jetzt ist erst mal Schluss mit Deutschland, jetzt bin ich hier, jetzt lebe ich hier. Ich finde auch, dass es gefährlich ist, sich gerade am Anfang mit Landsleuten zu verabreden.

Inter *Gefährlich? Warum?*

Lena Weil das verhindert, dass man neue Leute kennenlernt. Mit Deutschen kann ich mich auch in Deutschland treffen.

Sonja Na ja, das ist jetzt aber übertrieben. Man kann sich doch mal treffen, um über Erfahrungen auszutauschen. Das ist doch jetzt keine Alternative.

Inter *Peter, was ist Ihre Meinung zu dieser Kontroverse.*

Peter Ich kann dazu nicht viel sagen. Ich habe ja wegen meiner Arbeit keine Zeit, überhaupt jemanden zu treffen. Was ich noch sagen wollte als Tipp, was mir geholfen hat. Ich habe immer Fotos, kleine Videos von meiner Freundin und Freunden und auch von meinen Eltern dabei. Die schau ich mir dann manchmal an.

Inter *Peter, Sie haben gesagt, dass Sie sich fragen: Warum mache ich das hier eigentlich? Haben Sie diese Frage für sich beantwortet?*

Peter Ja, für mich war das eine ganz wichtige Frage. Was ist mir wichtig? Will und brauche ich diese berufliche Betätigung? Will ich das Geld verdienen? Und mir ging es wirklich besser mit diesen Auslandsaufenthalten, seitdem ich mir gesagt habe: Ja, ich will das so. Ich habe gemerkt, dass es dann leichter ist, zu akzeptieren, das es so ist, wie es ist.

Lena Ja, das finde ich auch. Wenn man ständig daran zweifelt, warum man im Ausland ist, dann hat man natürlich ständig Heimweh.

Inter *Geht Heimweh vorbei?*

Sonja Es kommt darauf an, wie man sich in dem Land fühlt, ob man sich integriert oder nicht.

Lena Auf jeden Fall. Das geht vorbei. Ich finde auch, dass Heimweh ganz normal ist. Man trennt sich von etwas, an das man sich gewöhnt hat. Das tut erst mal weh. Aber man gewinnt ja doch sehr viel. Da braucht man doch keine großen Geschichten von zu machen.

Sonja Das finde ich jetzt aber ganz schön arrogant. Ich habe vier Wochen ...

Inter *Meine Damen, ich bitte Sie, wir können jetzt nicht ...*

Hörtexte

Kapitel 11

Keine großen Sprünge (S. 114)

1. Teil

Die meisten Studierenden haben mehrere Einnahmequellen, sie jobben, beziehen Bafög oder Stipendien. Am meisten aber werden Sie von ihren Eltern unterstützt. 87 Prozent erhalten regelmäßig oder unregelmäßig Geld von zuhause. Wenn die Eltern ein geringes Einkommen haben, können Studierende Bafög erhalten. Davon profitieren 29 Prozent. Meistens reichen aber Unterstützung der Eltern und Bafög nicht. Deshalb jobben viele Studierende. Weit mehr als die Hälfte, 65 Prozent, sichern sich so einen kleinen oder großen Nebenverdienst.

Es gibt auch Studierende, die während ihrer Schulzeit oder danach gespart haben. Immerhin 20 % können Geld von Ihrem Sparbuch abheben oder Aktien verkaufen, zumindest am Anfang. Relativ neu sind sogenannte Studienkredite. Studierende erhalten von Banken Kredite. Nach dem Studium müssen sie das Geld dann wieder zurückzahlen. Fünf Prozent haben sich bisher zu diesem Schritt entschlossen. Schließlich gibt es noch Stipendien, die drei Prozent der Studierenden erhalten.

Wir möchten Ihnen 4 Studierende vorstellen. Sie berichten Ihnen, wie sie ihr Studium finanzieren.

2. Teil

Jonas Ich bekomme 214 € Bafög im Monat, mehr nicht. Das ist natürlich nicht viel. Zum Glück übernimmt meine Mutter die Miete. Aber mehr möchte ich auch nicht von ihr. Also gehe ich arbeiten. Seiten 5 Jahren stehe ich in den Semesterferien am Fließband, irgend so eine langweilige Arbeit, Pinsel oder Elektroteile sortieren. Die Ferien kann ich dann vergessen. Aber ich habe dann Geld, um mir ein paar Klamotten zu kaufen, und ein bisschen Reserve habe ich dann auch noch. Während des Semesters gebe ich Nachhilfe und helfe Schülern bei den Hausaufgaben an einer Schule. Natürlich ist das ganz schön anstrengend, zwei Jobs, und das bei meinen Studienfächern: Mathe und Physik. Klar, meine Noten leiden darunter. Aber egal, man gewinnt an Lebenserfahrung durch die Jobs und vor allen Dingen, wenn man für sich selbst sorgt. Meiner Mutter zahle ich das Geld für die Miete nach dem Studium zurück. Das ist mein Studium, das habe ich mir so ausgesucht.

Katja Ich habe keinen Bafög-Antrag gestellt. Null Chancen, meine Eltern arbeiten beide. Trotzdem können sie mich nicht unterstützen. Ich will das eigentlich auch gar nicht. Ich bin lieber unabhängig. Ich kriege das Kindergeld von ihnen, das sind ungefähr 160 Euro im Monat. Die Miete allein beträgt schon 215. Ich habe einen Studienkredit aufgenommen, das bringt mir jeden Monat 300 €. Wenn ich dann mit dem Studium fertig bin, habe ich 12 000 € Schulden. Mein Gott, ich darf gar nicht daran denken! Ich habe außerdem jetzt einen Job in einem Modegeschäft, führe dort Kundengespräche und räume den Laden auf. Da ich Tourismusmanagement studiere, werde ich bald auch ein oder zwei Semester im Ausland studieren. Dafür spare ich jetzt schon von dem Geld, was ich im Modegeschäft verdiene. Das geht, weil ich da das ganze Jahr arbeite. Alles in allem: ich komme zwar über die Runden, aber Restaurantbesuche, Reisen, irgendwelche Luxussachen – das liegt nicht drin.

Nora Pro Monat brauche ich etwa 800 € fürs Überleben, für Miete, Essen und Bücher. Das übernehmen meine Eltern. Und dann bezahlen sie auch noch den Semesterbeitrag von 300 €. Ich weiß, das ist relativ viel, und ich erzähle das deswegen auch nicht so gerne. Mein Vater ist Arzt, er verdient ganz gut. Aber man muss auch bedenken, dass ich noch drei Brüder habe, die auch noch studieren wollen. Meine Eltern sagen zwar immer, klar unterstützen wir dich, das ist doch selbstverständlich. Ich habe aber trotzdem ein schlechtes Gewissen. Ich bin ihnen sehr dankbar, aber es gefällt mir nicht, von ihnen abhängig zu sein. Ich stelle es mir deshalb leichter vor, Geld vom Staat zu nehmen als von den Eltern. Das ist mit keiner emotionalen Verpflichtung verbunden. Mein Studium, Anglistik und Betriebswirtschaft, ist sehr arbeitsintensiv. Ich habe jetzt trotzdem einen Minijob in einer Bibliothek angenommen. Das ist doch ein gutes Gefühl, wenn man selbst Geld verdient!

Kapitel 12

Ärzte bewerten (S. 123)

Ich möchte Ihnen erklären, wie Sie auf unserem Portal einen Arzt bewerten können.

Zunächst einmal müssen Sie sich bei uns registrieren. Das geht ganz einfach online. Geben Sie in das nebenstehende Formular einfach Ihre Kassennummer und Versichertennummer ein. Diese Nummern finden Sie auf Ihrer Versichertenkarte oder auch auf ihrer letzten Beitragsrechnung. Sie erhalten dann sofort von uns eine E-Mail.

In dieser E-Mail finden Sie einen Nutzernamen und ein Kennwort. Beides müssen Sie bei einer Anmeldung angeben.

Sie haben jetzt die Anmeldung erfolgreich abgeschlossen und können einen Arzt bewerten.

Gehen Sie dazu so vor. Klicken Sie auf **Fragebogen**. Es öffnet sich der Fragebogen, den Sie online ausfüllen können.

Klicken Sie am Schluss auf »Abschicken«.

Ihre Antworten werden in einer Datenbank gespeichert. Jeder Bürger, der einen Arzt sucht, kann auf die Ergebnisse der Datenbank zugreifen und von Ihren Erfahrungen profitieren.

Hörtexte

12 Noten für Mediziner (S. 124)

Seit einiger Zeit können Patienten Ärzte auf verschiedenen Internet-Portalen bewerten. Wir haben gefragt, was Ärzte und Patienten davon halten.

Patient 1 Ja, ich habe davon gehört. Das klingt erst mal gut. Aber ich halte nicht viel davon. Man kann da doch manipulieren. Das ist genau wie bei Hotelbewertungen, da ist ja auch bekannt, da gibt es ja auch Manipulationen mit den Bewertungen. Da gibt es professionelle Bewerter, die positive Berichte für Ferienwohnungen und Hotels schreiben. Ich befürchte, das wird auch bei den Ärzteportalen gemacht. Ich würde mich da überhaupt nicht auf das Internet verlassen.

Patient 2 Ja, ich kenne das. Meine Krankenkasse hat mich darüber informiert, dass man das machen kann. Die haben mir auch einen Fragebogen zugeschickt. Das hat mich nicht überzeugt, was da gefragt wird. Die meisten Fragen sind uninteressant. Ob die Praxis sauber ist, Wartezeiten und so weiter. Ich würde da lieber wissen, ob der Arzt fachlich qualifiziert ist, ob er sich fortbildet. Ob man lange wartet oder wie freundlich die Sprechstundenhilfe ist, ist doch nicht so wichtig. Wichtig ist, ob der Mann oder die Frau fachlich so kompetent ist, dass mir geholfen wird.

Patient 3 Der Arzt von heute ist ja wie ein Verkäufer. Er verkauft Gesundheit. Und ich bin sein Kunde, früher war ich Patient. Das ist aber heute nicht mehr der Fall. Und wie in einem normalen Laden muss ich bezahlen. Ich bezahle nicht nur meine Krankenkassenbeiträge, ich muss die Praxisgebühr bezahlen, er schickt für alles Mögliche eine Rechnung, und die bezahle ich, wie ich einen Fernseher oder ein Waschmaschine bezahle. Da ist es doch ganz selbstverständlich, dass ich mich als Kunde vorher informiere, ob die Produkte, die ich kaufen will, okay sind. Bei der Gesundheit ist das ja noch viel wichtiger. Bei einem Fernseher gucke ich mir auch die Testberichte an und lese Erfahrungsberichte im Internet.

Arzt 1 Das ist doch alles subjektiv. Woher soll ein Laie wissen, was ein Arzt kann und was nicht. Ich habe 10 Semester Medizin studiert, ich bin seit 12 Jahren Arzt, hatte Hunderte von Patienten. Und da will jemand, der vielleicht gerade mal seinen Führerschein gemacht hat, mich bewerten? Tut mir leid, ein Patient ist kein Experte. Ich lasse mich gerne von Kollegen bewerten, aber Laien haben bei einer Bewertung von Fachleuten nichts zu suchen. Ein Auto wird ja auch nicht von einem Fußgänger bewertet!

Arzt 2 Ich habe da keine großen Probleme mit der Bewertung. Meine Kollegen reagieren da manchmal ein bisschen nervös. Klar, gibt es Missbrauch, ungerechte Bewertungen und dergleichen. Aber wir sollten als Ärzte das gelassen sehen. Wer gut ist, den kann man nicht schlecht machen, auch nicht im Internet! Außerdem sollte man auch die Chancen sehen. Wir wissen ja als Ärzte sehr wenig, was unsere Patienten von uns denken, wie wir mit ihnen sprechen, ob wir zuhören, ob sie unsere Sprache verstehen. Da haben wir ja keine oder nur sehr wenige Rückmeldungen. Und im Alltag achten wir auf solche Dinge auch nicht. Ich glaube, dass da eine gewisse Kontrolle für uns Ärzte ganz nützlich ist. Klar ist das manchmal ungerecht. Aber das müssen wir aushalten.

Arzt 3 Ich kann gut verstehen, dass Patienten solche Bewertungsportale befragen. Das passt ja in die Zeit. Man kann Fernseher, Hotels, Lehrer und Professoren bewerten. Die Gefahr ist aber doch sehr groß, dass jemand, sagen wir: aus Rache, schlechte Noten verteilt. Da hat zum Beispiel ein Patient lange gewartet, und schon bewertet er die ärztliche Leistung schlecht. Obwohl er das gar nicht beurteilen kann. Na ja, und wenn ein Arzt im Internet schlecht bewertet ist, ist es ganz schwierig für ihn. Er ist dann diskreditiert und kann sich noch nicht einmal dagegen wehren. Insofern kann ich meinen Kollegen verstehen, wenn sie dagegen sind. Aber man wird das nicht stoppen können.

Dr. Knock und der Triumph der Medizin (S. 126)

Der alte Landarzt Parpalaid wollte nicht mehr: Die Einwohner seines kleinen Bergdorfes waren alle gesund, niemand brauchte seine Dienste, und so beschloss er, seinen Beruf aufzugeben und in die Stadt zu ziehen. Er brauchte nur noch einen Nachfolger für seine Praxis. Nach langem Suchen fand er schließlich Dr. Knock, der sich bereit erklärte, die Praxis zu übernehmen und sich um das Wohlergehen des Dorfes zu kümmern.

Schon nach wenigen Tagen bemerkte Dr. Knock, dass er einen großen Fehler gemacht hatte. Gelangweilt saß er in seiner Praxis, niemand kam zu ihm, um sich untersuchen oder behandeln zu lassen. Offenbar fühlte sich das ganz Dorf gesund, es gab weder Seuchen noch chronisch Kranke. Knock merkte, dass er vom alten Parpalaid getäuscht worden war. Was tun? »Wollen wir doch mal sehen, ob die mich hier wirklich nicht brauchen«, dachte er und fasste einen Plan, den er am nächsten Morgen sofort in Angriff nahm.

Sein erster Besuch galt dem Lehrer des Dorfes. »Wissen Sie, guter Mann, in meiner Praxis in der Stadt musste ich eine schlimme Krankheit behandeln, von der die Hälfte, ach, was sage ich: Drei Viertel der Bewohner betroffen waren. Aber letztendlich habe ich die Krankheit besiegt. Ich spreche von winzig kleinen, kaum sichtbaren, aber umso gefährlicheren Lebewesen, die sich in unserem Körper breit machen. Und die nur ein Ziel haben: uns krank zu machen. Uns dahinzuraffen! Ins Grab zu bringen! Der Name dieser heimtückischen Kreaturen ist: Bakterien.« Und so erzählte er dem verblüfften Lehrer alles über die heimtückische Krankheit, die auch in dem kleinen Bergdorf angekommen sei. »Guter Mann«, sagte Dr. Knock, «Sie können Ihrem Dorf einen großen Gefallen tun. Erzählen Sie es Ihren Schülern, halten Sie Vorträge vor Eltern, sprechen Sie mit unserem Bürgermeister und mit anderen Verantwortlichen dieses Dorfes. Klären Sie das Dorf über diese Krankheit auf.« Der Dorflehrer war sehr stolz darauf, dass er eine solche Aufgabe übernehmen konnte.

Nachdem Dr. Knock den Lehrer gewonnen hatte, ließ er den Dorftrommler zu sich kommen und sagte zu ihm: »Dorftrommler, teile allen Bewohnern unseres schönen Dorfes mit, dass ich sie zu einer absolut kostenlosen Sprechstunde einlade. Ich möchte die

Hörtexte

20 unheimliche Krankheit bekämpfen, die seit einiger Zeit im Dorf grassiert. Diese Sprechstunde ist absolut kostenlos, teilen Sie das
21 dem Dorf mit!«
22 Danach stattete er dem Apotheker einen Besuch ab, der schon seit langem am Hungertuch nagte, weil niemand seine Medizin
23 benötigte. »Bestellen Sie sofort für das ganze Dorf, ich betone, für das ganze Dorf, diese Medikamente hier,« sagte Dr. Knock und
24 übergab dem Apotheker eine Liste mit 47 Medikamenten. Der Apotheker war sofort Feuer und Flamme von Knocks Plan, endlich
25 in dem Dorf für wirkliche Gesundheit zu sorgen, und er hörte schon die Kasse in seinem Laden klingeln.
26 Bald darauf, es mochten 6 Tage vergangen sein, langweilte sich Knock nicht mehr in seiner Praxis. Lange Schlangen vor seinem
27 Haus zeigten, dass sein Plan funktionierte. In den Sprechstunden diagnostizierte Knock merkwürdige Symptome und überzeugte
28 die nicht gerade intelligenten Dorfbewohner davon, dass sie ständig von ihm, Dr. Knock, betreut werden müssten. Viele hüteten
29 fortan das Bett, tranken nicht mehr als Wasser zu ihrer Medizin, die Dr. Knock verschrieb und der Apotheker freudestrahlend ver-
30 kaufte. Bald war das ganze Dorf chronisch krank, das Gasthaus wurde zu einem Krankenhaus, in dem sich die Menschen stationär
31 behandeln ließen. Dr. Knock war durchaus kein geiziger Mensch, und so bekamen der Dorftrommler und auch der fleißige Dorf-
32 lehrer viel Geld für Ihren Beitrag zur Bekämpfung der furchtbaren Krankheit.
33 Drei Monate später kam Parpalaid zurück und musste erstaunt feststellen, wie sich das Gesundheitsbewusstsein der Bevölkerung
34 gewandelt hatte und was für eine potentielle Goldgrube er aufgegeben hatte. Seine Ankunft wurde von der Bevölkerung mit Angst
35 und Schrecken gesehen, keiner im Ort wollte ihn und die alten gesunden Zeiten zurück. Die moderne Medizin hatte triumphiert!
36 Und Parpalaid? Auch ihn konnte Knock überzeugen, dass er krank, sehr krank sei, ins Bett gehöre und fortan von ihm, Dr. Knock,
37 behandelt werden müsse.